GOLDMANN ESOTERIK

Buch

Das Thema dieser Sammlung von Affirmationen ist das sogenannte Innere Kind, anders ausgedrückt die verschüttete oder verdrängte Kind-Schattenseite im Erwachsenen, z. B. seelische Verletzungen, die man als Kind davongetragen hat, oder Entmutigungen, mangelnde Liebe oder Geborgenheit bei den Eltern, Gefühle von Vernachlässigung oder ähnliches.

Von den für jeden Tag des Jahres ausgewählten Affirmationen geht eine starke Heilkraft aus, die jedem hilft, dem Leben wieder mit Vertrauen und Zuversicht zu begegnen.

Autorin

Rokelle Lerner ist ausgebildete Pädagogin, Psychologin und Lebensberaterin. In den USA wirkte sie engagiert am Aufbau einer Hilfsorganisation für Kinder von Suchtkranken mit. Seit über fünfzehn Jahren setzt sie sich für diese Aufgabe auch an Schulen, Krankenhäusern und Gesundheitszentren ein.

ROKELLE LERNER

Erwecke dein Inneres Kind

365 Affirmationen für jeden Tag des Jahres

Aus dem Englischen
von Susanne Kahn-Ackermann

GOLDMANN VERLAG

Die Originalausgabe erschien unter dem Titel
Affirmations for the Inner Child
bei *Health Communications, Dearfield Beach/Florida*

Deutsche Erstausgabe

Umwelthinweis:
Alle bedruckten Materialien dieses Taschenbuches
sind chlorfrei und umweltschonend.
Das Papier enthält Recycling-Anteile.

Der Goldmann Verlag
ist ein Unternehmen der Verlagsgruppe Bertelsmann

Umschlaggestaltung: Design Team München
Umschlagfoto: Günter Vierow, Andechs
DTP-Satz und Herstellung: Barbara Rabus
Druck: Elsnerdruck, Berlin
Verlagsnummer 12215
Lektorat: Olivia Baerend
Redaktion: Michael Schaeffer
Made in Germany
ISBN 3-442-12215-5

1 3 5 7 9 10 8 6 4 2

Widmung

Für meine Töchter Mer und Sasha,
deren Leben eine Inspiration und beständige Bestätigung
einer von Göttlichkeit gesegneten Menschheit ist.

Danksagung

Die Autorin möchte sich bei folgenden Personen für ihre Beiträge bedanken:

Naomi Lucks
Patrick Means
Laura Littleford
Mer Lerner
Lissa Halls-Johnson
Joann Ricketts
Lois Weisberg

Vorwort

Wir alle brauchen unser ganzes Leben lang positive Bestätigung. Diese mächtigen Botschaften ließen uns als Kinder wissen, daß wir wertvoll sind, daß es in Ordnung ist, wenn wir nach Essen und nach Berührung verlangen, und daß unsere Existenz ein kostbares Geschenk ist. Die Botschaften, die wir von unseren Eltern erhielten, halfen uns Entscheidungen zu treffen, die dann den Kurs unseres Lebens bestimmten.

Wurden wir von konsequenten und fürsorglichen Eltern aufgezogen, dann gelangen wir zu dem Schluß, daß unser Leben einen Sinn hat und daß man den Menschen Vertrauen entgegenbringen kann. Wurden wir von suchtabhängigen oder neurotischen Eltern aufgezogen, dann folgern wir, daß das Leben bedrohlich und chaotisch ist – daß wir so etwas wie Freude nicht verdienen. Dies sind entscheidende Schlußfolgerungen, die unser Leben zutiefst beeinflussen, auch wenn wir sie schon längst vergessen haben.

Leider geraten diese Urteile und Meinungen nicht in Vergessenheit, die wir uns in unserer Kindheit gebildet haben. Sie bleiben uns als dynamische Mächte erhalten, die unser Erwachsenenleben vergiften. Wenn unsere Bedürfnisse in unserer Kindheit nicht erfüllt wurden, etwa weil wir mißhandelt oder verlassen wurden, dann verbringen wir unser

Leben damit, die Welt durch die verzerrte Perspektive eines bedürftigen Kindes oder wütenden Jugendlichen zu betrachten. Je stärker wir diese Kindheitsaspekte zu verdrängen suchen, desto stärker gewinnen sie Kontrolle über uns. Die Verleugnung unseres inneren Kindes manifestiert sich in destruktiver Weise: in von Abhängigkeit beherrschten Beziehungen, in der Sabotage unseres Erfolgs, in somatischen Krankheiten und Versagen in der Elternrolle.

Um diesen Kreislauf des Leidens zu beenden, müssen wir unser inneres Kind liebevoll annehmen, ganz gleich, in welchem Alter und Stadium es sich uns zeigt. Die täglichen Affirmationen in diesem Buch wenden sich an das schreiende Baby, an das frühreife Kleinkind ebenso wie den reizbaren Zweijährigen, Kind-Aspekte in uns, die noch immer auf Eltern warten, bei denen sie sich geborgen, geliebt und akzeptiert fühlen. Durch dieses Buch wird uns die Fähigkeit nahegebracht, unserem inneren Kind selbst gute Eltern zu werden. Indem wir ihm liebevolle Eltern sind, übernehmen wir die Verantwortung für unser Leben.

Affirmationen für das innere Kind ist den Erwachsenen gewidmet, die bereit sind, ihre Kindheitswunden selbst zu heilen. Durch dieses mutige Bemühen können wir von einem Leben des Schmerzes zur Gesundung gelangen.

Rokelle Lerner

1. Januar Neujahrstag

Dieses Jahr widme ich meinen positiven Erinnerungen.

Heute beginnt ein neues Jahr. An diesem Tag denken viele Menschen über ihre Vergangenheit nach und über das, was sie im kommenden Jahr verändern wollen. Für viele ist dies ein Tag der Hoffnung und des Neubeginns. Für mich war es oft ein Tag des Schreckens im Blick auf all die vor mir liegenden Tage. Werde ich wieder versagen? Werde ich in jene alten zerstörerischen Verhaltensmuster zurückfallen?

An diesem Tag dachte ich oft an Alkoholismus, eine Erinnerung, die ich lieber vergessen würde. Denn Erinnerungen an Enttäuschungen in meiner Kindheit, an Streitereien und Gewalttätigkeiten beeinträchtigen die Festlichkeiten dieses Tages.

Heute halte ich Rückschau, um mich über all das, was ich im letzten Jahr erreicht habe, zu freuen. Ich will mich nur auf das *Heute* konzentrieren. Ich treffe nur für den heutigen Tag die bestmöglichen Entscheidungen und versuche nicht, gleich meine ganze Zukunft in Angriff zu nehmen. In diesem Jahr widme ich mich den positiven Erinnerungen, um von den negativen endlich Abschied nehmen zu können.

Heute höre ich auf die Bedürfnisse des kleinen Kindes in mir.

Ich bin ein neugeborenes Baby. Nach neun Monaten in deinem Schoß werde ich einige Zeit brauchen, um ganz und gar hier zu sein. Die Geburt war schwierig; im Moment möchte ich mich nur zu einer Kugel zusammenrollen und schlafen.

Tag für Tag, ganz langsam, öffne ich mich ein wenig mehr. Ein Finger streckt sich aus, dann ein anderer. Bald ist meine Hand so offen, daß ich eine ergreifen kann. Ein Fuß bewegt sich, dann der andere. Bald strample ich mit den Füßen in der Luft und freue mich an meiner Energie. Ein Arm streckt sich aus, dann der andere, und ich kann deine Umarmung erwidern. Meine Augen öffnen sich, und mein Blick richtet sich auf dein liebevolles Gesicht. Ich lächle, wenn ich den Klang deiner Stimme höre. Ich habe das Gefühl, nun ganz in der Welt zu sein, zu Abenteuern bereit.

Es werden in mir, während ich mich mit neuen Dingen konfrontiere und alte Wunden aus der Kindheit heile, Themen aus der frühen Kindheit aufsteigen. Ich schäme mich nicht, sondern suche all das heraus, was in mir Vertrauen weckt – das Vertrauen, zu halten und zu umfangen, zu berühren, zu nähren und zu pflegen. Ich lerne, dem kostbaren Kind in mir liebevoller Elternteil zu sein.

Mein kostbares inneres Kind hat keine Angst.

Als ich ein Kind war, fürchtete ich mich vor der Dunkelheit. Unterm Bett und im Schrank lauerten Ungeheuer. Jeden Moment konnten Einbrecher ins Haus eindringen. Die Geräusche der Nacht alarmierten mich, und die Schatten waren bedrohlich. So lernte ich, die Augen zu schließen und bis zum Morgen zu schlafen, wenn der Schrecken vorbei war.

Jetzt weiß ich, daß die Dunkelheit keine Schrecken in sich birgt – außer meiner eigenen Angst. Heute nacht will ich mich mit der Dunkelheit anfreunden. Ich werde auf die Laute der Nacht achten und herausfinden, woher sie wirklich kommen. Das Knarren einer sich langsam öffnenden Tür ist in Wirklichkeit das Knirschen eines Baumes. Ich höre die Geräusche der Menschen, die mit ihren Autos zur Nachtschicht fahren. Ich höre Babys weinen, die in den Arm genommen werden wollen.

Und während ich mit meinen neuen, auf die Nacht eingestimmten Ohren höre und mit meinem Nachtblick sehe, entdecke ich, daß das Leben in der Dunkelheit so gewiß weitergeht wie im Lichte. Beide zusammen bilden erst den ganzen Tag.

An diesem Tag beginne ich ein neues Leben.

Der Neujahrstag kam und ging, und ich bin erleichtert. Mit zehn Jahren wußte ich, daß der Beginn eines neuen Jahres mit all der Freude, den guten Vorsätzen und all den Feiern ein Schwindel war. Er war nicht die Schwelle zu einem Neuanfang. Versprechen würden gebrochen werden und Träume zerbrechen, genau wie im vergangenen Jahr und dem Jahr davor. Was soll's also?

Heute umarme ich mein inneres Kind und gebe ihm ein feierliches Versprechen.

Ich schleppe die schwere Last der Verletzungen und Enttäuschungen nicht mit ins neue Jahr hinüber. Ich vergebe mir für den Schmerz, den ich mir und anderen zugefügt habe. Ich vergebe anderen den Schmerz, den sie mir zugefügt haben. An diesem Tag des Neubeginns fange ich ein neues Leben an.

Ich erlaube meinem inneren Kind, konstruktive Kritik anzunehmen.

In mir lebt ein zwölfjähriges Mädchen, das jede Bemerkung als Kritik auffaßt. Dieses Mädchen verwandelt jeden Kommentar in eine Verurteilung seines Selbstwertes. »Du bist schlecht. Du kannst nichts richtig machen.« Und so stellt es sich hin, Fäuste in die Hüften gestemmt, und brüllt zurück: »Halt den Mund! Du kannst mir nicht vorschreiben, was ich tun soll!« Sein Zorn, seine aggressive Haltung erschöpfen mich.

Heute erlaube ich meinem inneren Kind, konstruktive Kritik anzunehmen. Ich kann mir die Meinung anderer anhören, ohne mich gleich verteidigen zu müssen. Ich kann mir Zeit nehmen, um darüber nachzudenken und mich zu fragen: »Muß ich dieses Verhalten ändern?« Um mich »im Recht« und »in Ordnung« zu fühlen, muß ich nicht mehr sagen: »Du hast unrecht.« Mein inneres Selbst ist bereits in Ordnung. Ich kann meine Handlungsweise in der Art verändern, daß sie ein leuchtender Spiegel meiner selbst ist.

Der Jugendliche in mir lernt Ordnung.

Als Teenager haßte ich es, wenn mich meine Mutter anwies, mein Zimmer aufzuräumen. Es war schließlich mein Zimmer, oder? Ich konnte mich nicht entscheiden, wie ich leben wollte. So rebellierte ich und sorgte dafür, daß in meinem Zimmer stets Chaos herrschte – Schuhe, Kleider und Unansehnlicheres lagen auf dem Boden herum.

Als Erwachsener sitze ich immer noch in meinem rebellierenden Jugendlichen fest. Manchmal glaube ich unter Bergen von Abfall begraben zu werden. Hinter ihm herzuräumen macht mich wütend und erschöpft mich auch.

Heute übernehme ich die Kontrolle über meine Umwelt. Ich muß mich nicht mehr von der Ungeheuerlichkeit dieser Haushaltspflichten überwältigt fühlen. Ich schaffe meine eigene Unordnung und räume sie auch wieder auf. Wenn ich etwas benutzt habe, stelle ich es wieder an seinen Platz. Ich achte darauf, daß ich nicht unabsichtlich etwas Äußeres in mein Inneres trage. Ich werde mit mir statt gegen mich arbeiten. Heute spiegelt meine Umgebung meine innere Harmonie wider.

Heute singe ich voller Freude ein Lied mit meinem inneren Kind.

Kinder lieben es, zu singen. Sie studieren nicht erst Gesang in Italien, bevor sie eine ganze Operette über die Ereignisse dieses Tages dahinschmettern. Sie warten nicht ab, bis sie eine Million Platten verkauft haben, bevor sie ein Schlaflied summen. Ihnen vorzusingen ist eine andere Art, mit ihnen zu sprechen.

Mein inneres Kind liebt es, mit dem Radio mitzusingen. Ich bin vielleicht ein bißchen verlegen, aber Pavarotti und Aretha Franklin macht es wohl nichts aus, wenn meine Stimme die ihre übertönt. In der Hektik des Tages vergesse ich, daß ich auch beim Abwasch singen könnte – aber mein inneres Kind hat es nicht vergessen.

Wir alle haben die Gabe des Gesangs. Und um sie auszuüben, müssen wir ja nicht immer unbedingt genau den Ton treffen. Ich muß ja keine Vorstellung geben. Heute will ich mit meinem inneren Kind singen, und gemeinsam machen wir es zu einem Lied der Freude.

Ich kann mir meine eigenen Grenzen setzen.

Nein! Nein, das tu ich nicht! Nein danke. Einfache Worte, aber schwer auszusprechen. Ein zweijähriges Kind sagt nein, um die Toleranz anderer zu testen, um herauszufinden, wo die Grenzen gesetzt sind.

In einer nicht funktionierenden Familie werden keine Grenzen gesetzt. Da ist nur wenig oder gar keine Hilfestellung für das Kind, um es bei seinen Versuchen, die Welt kennenzulernen, zu schützen. Als Kind lernte ich, daß die Welt gefährlich und unsicher, daß sie nicht gerade ein sicherer Ort ist.

Heute sage ich nein, wenn meine Grenzen überschritten werden. Ich sage nein, wenn mich jemand auffordert, etwas zu tun, das gegen meine Überzeugungen, Gefühle oder Wünsche verstößt. Es ist in Ordnung, nein zu sagen, wenn ich müde bin. Es ist in Ordnung, nein zu sagen, wenn mir etwas nicht gefällt. Es ist in Ordnung, wenn ich mir meine Grenzen selbst setze.

Ich kann Unordnung machen und mich darin wohl fühlen.

In meinem Elternhaus kam Reinlichkeit gleich nach Gott, und Unordnung zu schaffen war eine Sünde. Ich durfte nicht im Dreck spielen, durfte keine Schlammkuchen backen, nicht statt des Papiers meinen Körper bemalen, nicht meine dreckigen Finger an meinen Kleidern abwischen. Und um Gottes willen durfte ich keinen Dreck ins Haus schleppen! Ich lernte sehr schnell, ein gutes Mädchen zu sein. Halt dich sauber. Mach keine Unordnung.

Mein inneres Kind dagegen braucht diese Erfahrung von weichen, feuchten Schlammkugeln in der Hand, es muß voller Entzücken beobachten können, wie sich zwischen seinen Zehen Schlammschlangen hervorwinden. Es muß spüren, daß es ein Kind der Erde ist.

Heute erlaube ich der Zweijährigen in mir das Vergnügen, sich schmutzig zu machen und unordentlich zu sein. Ich ziehe vielleicht ein paar alte bequeme Klamotten an und strolche im Wald herum. Oder ich robbe auf Händen und Knien in meinem Garten herum. Ich liebe die kühle Erde an meiner Haut, den würzigen Geruch. Egal, was ich tue, ich fühle mich als Teil der Erde.

Ich strahle mein inneres Licht in dieser Zeit der Dunkelheit aus.

In geruhsamer Dunkelheit wird neues Leben empfangen und genährt. Das Leben der jungen Pflanze wird im in die Erde eingegrabenen Samen vor Kälte und Wind geschützt. Der Same ruht und wartet die richtige Zeit ab, um mit dem Wachstum beginnen zu können.

Das erwachsene Kind wird in seinem Fortschritt manchmal ungeduldig. »Tag um Tag« klingt hohl in meinen Ohren, wenn ich auf einer Hochebene festsitze.

Ich will mich daran erinnern, daß jedes Plateau ein Ort ist, an dem ich Energie für die nächste Veränderung sammle. Ich will mir in dieser Zeit des unsichtbaren Wachstums mit Geduld und Sanftheit begegnen.

Heute will ich die Entwicklungsstadien meines inneren Kindes willkommen heißen. In dieser Zeit der langen Nächte strahle ich das innere Licht neuen Lebens aus.

Ich kann meinen eigenen Bedürfnissen Rechnung tragen.

Heute übernehme ich diese Verantwortung für meine eigenen Bedürfnisse. Ich befreie mich von den zerstörerischen Ketten der Abhängigkeit, die in meinem zerrütteten Elternhaus geschmiedet wurden.

Die erstickende und beherrschende Liebe, die ich als Kind erfuhr, machte mich passiv und in der Erfüllung meiner Bedürfnisse von anderen abhängig. Mir war nicht erlaubt, anderen zu sagen, was ich wollte, und ich erwartete daher, daß sie meine Gedanken lasen und so meine Bedürfnisse automatisch erkannten. Folglich war ich ständig wütend, weil andere mich im Stich ließen, indem sie nicht daran dachten, mich glücklich zu »machen«.

Heute helfe ich meinem inneren Kind, einen gigantischen Schritt im Erwachsenwerden zu tun. Ich sage anderen, was ich brauche, statt darauf zu hoffen, daß sie es erraten. In jedem Fall übernehme ich –, gleich ob sie nun imstande sind, meine Bedürfnisse zu erfüllen oder nicht – die Verantwortung für mein Glück. Ich tue jene Dinge, die mir die größte Befriedigung verschaffen. Und ich lebe diesen Tag erfüllt von einer Freude und Zufriedenheit, die aus mir selbst und nicht von meinen Mitmenschen kommt.

Ich feiere meinen Übertritt.

Ich feiere meinen Übertritt aus der Kindheit ins Erwachsenenleben. Er war mit einigen Kämpfen verbunden, aber ich schaffte es, die stürmische See der Ungewißheit unbeschadet zu durchqueren!

Als Kind wollte ich nicht erwachsen werden. Ich brauchte mir nur die Erwachsenen in meiner Umgebung genau anzusehen. Sie schienen immer müde und unglücklich zu sein und ewig zu streiten. Wenn es das war, was mich erwartete, dann wollte ich nichts damit zu tun haben.

Heute weiß ich, daß Reife nicht den Tod meines inneren Kindes bedeuten muß. Reife bedeutet, daß ich durch meine Erfahrungen Einsichten gewinnen kann. Reife bedeutet, daß ich Spontaneität und Rationalität im Gleichgewicht halten, mein inneres Kind mit der Weisheit der Erwachsenen verbinden kann.

Heute feiere ich mein Erwachsensein.

Das innere Kind hat eine lebendige Sexualität.

Mit meiner Genesung ging die wunderbare neue Freiheit der Freude an meiner Sexualität einher. Heute feiere ich ohne Angst und Scham und auf angemessene Weise meine Sexualität.

Das Kind in mir brauchte Jahre, um die ihm in seiner Kindheit angetane Schmach und Mißhandlung auszuheilen. Es wurde gelehrt, sich selbst als schlechten Menschen und seinen Körper als sündig zu betrachten. Sex galt nicht als eine wunderbare von Gott gegebene Gabe, sondern als etwas Schmutziges, dessen man sich schämen mußte. Während ich dieses Kind in mir durch Liebe wieder zur Gesundheit und Ganzheit brachte, sind viele dieser alten inneren Botschaften im Schweigen versandet. Jetzt fühle ich mich wohl als der Mensch, der ich bin, und dadurch fühle ich mich auch mit meiner Sexualität wohl. Ich begreife, daß sich in dem Gefühl für meinen Körper das Gefühl für mein inneres Selbst widerspiegelt. Heute freue ich mich an meinem sexuellen Sein, denn die Sexualität ist eine der wunderbarsten Gaben, die mir Gott geschenkt hat.

Ich bin erfinderisch in der Hilfe für mein inneres Kind.

Kindern macht es Spaß, Hilfe zu erhalten und Hilfe zu leisten. Ein Kind bittet jeden Menschen, gleich wer er ist – ob Elternteil, Fremder oder Ministerpräsident – ihm zu helfen, den klemmenden Reißverschluß hochzuziehen oder die Schuhe zuzubinden. Und ebenso wird ein kleines Kind bereitwillig seiner Mutter oder seinem Vater Hilfe beim Abwasch anbieten.

Als ich älter wurde, erhielt ich von meinen Eltern zweideutige Botschaften: »Du kannst um Hilfe bitten, aber stör mich nicht.« Ich schämte mich wegen meiner Bedürfnisse und lernte, daß jede Hilfeleistung ihren Preis hat. Folglich lernte ich, keine Bitte um Hilfe mehr auszusprechen.

Heute heiße ich die Bitten meines inneren Kindes willkommen. Ich reagiere darauf mit Aufmerksamkeit und Erfindungsreichtum. Ich kann um Hilfe bitten, wenn ich sie brauche, und ich gehe nicht etwa aus Schuldgefühl, sondern aus freien Stücken auf die Bedürfnisse anderer ein. Und da ich in meiner Fähigkeit, zu geben und zu empfangen, immer gesünder werde, kann ich mich auch um mein inneres Kind kümmern.

Ich freue mich an meiner Lebendigkeit.

Als Kind hatte ich Angst, daß meine Mutter und mein Vater sterben würden und ich als Waise zurückblieb. Voller Entsetzen klammerte ich mich ans Leben. Jahrelang lebte ich in der Angst vor meinem Tod. Ständig fragte ich: Was ist, wenn ich sterbe? Wird es weh tun? Wie passiert es? Wann passiert es? Heute? In einem Jahr? Schließlich hatte ich Angst vor allem, was meinen Tod hätte auslösen können. Ich reduzierte meine Risiken – und meine Möglichkeiten – auf das absolute Minimum.

Mein Bemühen, nicht zu sterben, ließ mich kaum leben.

In diesem Augenblick bin ich lebendig. Ich nehme meine Sterblichkeit an, und das macht mich frei, mein Leben zu leben. Mein Leben ist ein leuchtender Edelstein, eingefaßt in die endlichen Grenzen von Leben und Tod. Alles, was ich wissen und fühlen kann, existiert hier und jetzt. Nur dieser Augenblick existiert, und in diesem Augenblick bin ich lebendig.

Heute freue ich mich an meiner Lebendigkeit und erlebe jeden Augenblick in seiner Fülle.

Ich mache weiter,
auch wenn einige Dinge schiefgehen.

Die Überwindung der negativen Programmierung aus meiner Kindheit war eine der größeren Herausforderungen, vor die ich mich auf meinem Weg zur Gesundung gestellt sah. In meinem zerrütteten Elternhaus lernte ich nichts als Chaos und Katastrophen kennen. So wuchs ich in der Erwartung auf, daß es im Leben schlimm kommen würde. Meine innere Arbeit bestand zum Großteil darin, diese Katastrophenangst aufzugeben und sie durch positive Erwartungen zu ersetzen.

Aber die Hammerschläge des Lebens drohen noch immer, das so sorgfältig errichtete Gerüst meiner Gesundung zu zerstören. Die alten Tonbänder spulen sich wieder in meinem Kopf ab, sobald ich enttäuscht bin oder mich einsam fühle. »Du wirst nie dein Glück finden«, so machen sie sich über mich lustig.

Wenn sich heute Widrigkeiten und Rückschläge in meinem Leben ereignen, nehme ich sie nicht mehr als Beweis für den sicheren Untergang. Vielmehr bekräftige ich den Glauben an meinen Erfolg. Ich schaue mir an, wie weit ich auf meinem Weg zur Gesundheit und Ganzheit bereits gekommen bin. Heute schreite ich mit Optimismus und dem Glauben an mich selbst voran.

Ich belohne mein inneres Kind
für gutes Verhalten.

Als Kind wurde ich dafür bestraft, daß ich schlecht, störrisch, dumm, im Irrtum, vergeßlich, faul und was sonst noch sei. Ich wurde bestraft, ob ich es verdient hatte oder nicht. Niemals schien ich mich bessern zu können. Ich wurde nur Expertin darin, mich für alle meine Missetaten selbst zu schelten.

Mein inneres Kind hungert nach Lob. Ich gebe ihm keine Schläge mehr, wenn es versagt. Vielmehr lobe ich es für sein Verhalten und unterstütze es in seinem Wachstum. Ich sorge dafür, daß es versteht, daß nicht seine Seele, sondern nur *einige seiner Handlungen* nicht in Ordnung sind. Spreche ich mit meinem inneren Kind, dann in einem sanften, von Liebe und Bewunderung erfüllten Ton.

Ich bin stolz auf meine Fähigkeit, in positiver, konstruktiver Weise zu handeln und mir selbst gute Mutter und guter Vater zu sein. Ich weiß, daß ich in der Essenz meines Wesens immer gut bin. Und die ändert sich nie!

Ich bestätige die Weisheit meiner inneren Stimme.

Heute bekräftige ich die Weisheit meiner inneren Stimme und den Reichtum meiner grundlegenden Intelligenz, die mir von höheren Kräften verliehen wurden. Wenn ich auf meine innere Stimme höre und meine Intelligenz walten lasse, treffe ich stets gute Entscheidungen.

Als Kind wurde ich gelehrt, nicht selbst zu denken, meiner inneren Stimme weder zu vertrauen noch sie besonders zu schätzen. Meine Eltern förderten die Abhängigkeit, und ich ließ meine eigene Weisheit außer acht. Ich verließ mich bei meinen Entscheidungen schließlich nur noch auf die Meinung anderer.

Als ich zur Erwachsenen heranwuchs, brachte ich meine Intuition ganz zum Schweigen und traf in der Folge viele Fehlentscheidungen, die mir Leid brachten. Seither habe ich aus meinen Fehlern gelernt und vertraue nun der Weisheit meiner inneren Stimme. Sie ist eine mächtige Verbündete auf meinem Lebensweg, die mich dazu anleitet, unterstützende und förderliche Entscheidungen zu treffen und destruktive Entscheidungen zu vermeiden.

Heute bejahe ich die Weisheit meiner inneren Stimme und achte meine Fähigkeit, gute Entscheidungen zu treffen.

Ich kann von anderen Menschen lernen.

Als Kind hatte ich keine Helden. Ich wollte auch keinem der mir bekannten Erwachsenen nacheifern. Ich wollte meinen eigenen Weg gehen und mir meine eigenen Regeln schaffen.

Nun bin ich, wie ich glaube, so weit gegangen, wie ich es allein vermag. Als Erwachsener sehe ich nun, daß ich einen Menschen als Verhaltensvorbild brauche. Ich muß einen Menschen finden, der mir ein Beispiel gibt für das, was ich sein will, wenn ich »erwachsen bin«. Ich muß einen guten weiblichen oder männlichen Führer und Lehrer finden, die oder der mit meinen Ausrutschern Geduld hat und mich bei meinen Bemühungen unterstützen kann, weil sie oder er diesen Weg schon gegangen ist.

Heute beginne ich mit meiner Suche nach einem weiblichen oder männlichen Therapeuten, Sponsor oder Trainer, der oder dem ich Vertrauen und Bewunderung entgegenbringen kann. Ich muß meinen Weg nicht mehr »ganz allein gehen«. Es gibt Menschen in meinem Leben, von denen ich lernen kann – Menschen, die darüber glücklich wären, ja sich sogar geehrt fühlten, wenn sie mir helfen könnten.

Ich greife nach allem, um es zu betasten.

Als Kleinkind streckte ich die Hand nach allem aus, um es zu betasten – nach den weichen Pelzmänteln von riesigen Frauen, dem Bügeleisen meiner Mutter, den schmutzigen Kieselsteinen in der Einfahrt, den glänzenden Töpfen und Pfannen in den Regalen, nach dem glitzernden Krimskrams im Haus des Nachbarn. Meine Neugier war nicht in Ordnung, denn ich wurde ständig zurechtgewiesen: »Nimm die Hände da weg! Faß das nicht an!« Bald lernte ich zwar zu schauen, aber nicht anzufassen. Ich lernte meine Lektion gut. Als Erwachsener halte ich mir jetzt die Welt vom Leib. Ich beobachte, aber ich engagiere mich nicht. Meine Zurückhaltung, dieses Nicht-Anfassen, hat mich von mir selbst, meiner Umwelt und von anderen Menschen getrennt.

Heute lasse ich dem neugierigen Kleinkind in mir freie Bahn. Ich werde das Gewebe der Welt erkunden: glatt, rauh, holperig, fett, naß, trocken, heiß, kalt, klebrig, schmierig, kühl, warm. Ich strecke meine Hand aus, um meine Umwelt zu berühren.

Ich bin in jedem Alter liebenswert.

Als Kind war ich von alten Menschen fasziniert und abgestoßen zugleich. Die faltigen rauhen Gesichter waren so ganz anders als meine glatten, frischen Wangen. Sie rochen nach saurer Milch oder nach schwerem Parfüm. Sie konnten sich nicht so schnell bewegen wie ich. Sie waren rasch erschöpft. Sie haßten Lärm. Die Zukunft hielt nur Krankheit und Tod für sie bereit. Ich schwor mir, nie alt zu werden.

In diesem einzigartigen Moment meines Erwachsenenlebens ergreife ich die Gelegenheit, mit klarem Blick die Vergangenheit und Zukunft zu betrachten. Ich blicke auf mein Kind-Selbst zurück und respektiere die Gefühle, die ich damals hatte. Doch nehme ich sie für das, was sie sind: Die Wahrnehmungen eines Kindes durch die verzerrende Linse der Kindheit. Ich blicke auf mein gealtertes Selbst und respektiere das Selbst, zu dem ich werde, das Selbst, das ohne Scham die Narben und Zeichen eines voll gelebten Lebens zeigt.

In diesem Augenblick liebe und respektiere ich alles, was ich war, bin und sein werde. Wir sind in einer warmen und liebevollen Umarmung für immer miteinander verbunden.

Ich heiße meine Träume als Lehrer willkommen.

Die Alpträume meiner Kindheit waren so furchteinflößend, daß ich mich nie mehr daran erinnern wollte. Oft hatte ich Angst, ins Bett zu gehen. Ich wollte nur friedlich schlafen, aber nicht träumen.

Als Erwachsene verstehe ich nun, daß ich aus meinen Träumen lernen kann. Ich achte auf sie, und sie werden mich Dinge lehren, die ich in der Geschäftigkeit des Tages nicht lernen kann. Meine Träume können humorvoll sein und sich in Wortspielereien ausdrücken. Ich kann lernen, in meinen Träumen zu lachen, ich kann mir selbst das Fliegen beibringen, ich kann mich mit Freunden und Verwandten, die ich verloren habe, unterhalten. Ich kann mit tieferen Ebenen meines Selbst sprechen.

Natürlich kann ich auch unangenehme Träume haben. In diesem Fall umgebe ich mich und mein inneres Kind mit Wärme und beruhigenden Worten: »Nichts kann dir ein Leid zufügen. Ich nehme mich jetzt deiner an.« Ich habe die Macht, jeden Alptraum zu entwaffnen. Ich muß nicht mehr vom Schrecken überwältigt werden.

Den heutigen Tag will ich spielerisch verbringen.

Heute spiele ich herum, ohne mir Gedanken zu machen, ob es meinem Image als verantwortlicher Erwachsener angemessen ist.

Als Kind wurde ich in meiner suchtabhängigen Familie gezwungen, mich mit dem Erwachsenwerden zu beeilen. Ich übernahm die Verantwortung von Erwachsenen, wurde ein Ersatzehepartner und/oder ein Ersatzelternteil. Dadurch wurde das Leben für mich zu einer sehr ernsthaften Angelegenheit, und mein Sinn für das Spielerische kam zu kurz. Mit wachsender Reife wurde mir klar, daß es im Leben mehr gibt als Ernsthaftigkeit und Verantwortung. Wahre Gesundheit beinhaltet für mich auch Freude am Spielerischen, ein fröhliches Herz und Spontaneität.

Heute gebe ich meinem inneren Kind die Freiheit zu spielen. Ich lasse meinen spontanen Impulsen freien Lauf und mache mir keine Gedanken darüber, ob ich meiner Verantwortung in perfekter Weise genüge oder nicht. Ich gehe auch meine Arbeit viel spielerischer an.

Schon durch meinen Entschluß, heute spielerischer zu leben, fühle ich mich ein wenig von jener Anspannung befreit, die aus der Last übermäßiger Verantwortung entsteht.

Ich bin willens, Liebe zu empfangen.

Liebe ist die Nahrung, die mein Kind zum Überleben braucht; und das Universum existiert, um uns mit dieser Liebe zu versorgen. Wie ein Baby öffne ich den Mund und nehme Liebe auf. Ich spüre, wie der süße Honig der Liebe in meinen Körper strömt und ihn mit warmer Behaglichkeit erfüllt. Ich höre die Liebe in allen Lauten des Lebens: im Zwitschern der Vögel auf den Bäumen, im Wind, der zwischen den Gebäuden hindurchstreicht, im Lachen der spielenden Kinder. Ich spüre die Liebe, wenn andere mich berühren, in der Zunge des Hundes, der mein Gesicht ableckt, in den Sonnenstrahlen. Ich öffne die Augen und sehe Liebe in den Gesichtern der Menschen, denen ich begegne. Ich bin bis zum Überfließen erfüllt davon.

Liebe ist mir in vielen Formen zugänglich. Heute erweitere ich meine starren Vorstellungen über die Art und Weise, wie Liebe gewöhnlich verpackt und übergeben wird. Ich öffne mich für den Empfang der unermeßlich vielfältigen Ausdrucksformen von Gottes Liebe in dieser Welt.

*Der heutige Tag ist genau so,
wie er sein sollte.*

Manchmal fühle ich mich von meinen kritischen inneren Stimmen tyrannisiert. »Dummkopf!« toben sie. »Idiot! Völlig unfähig!« Auch beim kleinsten Fehler sind sie gnadenlos und nagen an meinem Selbstwertgefühl.

Heute bin ich sanft mit mir. Ich überdenke, was es heißt, zu heilen. Heilen bedeutet, daß der heutige Tag genau so ist, wie er sein sollte. Es bedeutet, daß ich schon alles Nötige besitze, um ein rundum gesundes, ganzheitliches menschliches Wesen zu sein.

Jetzt habe ich eine Entscheidung zu treffen. Entweder kann ich mich zwanghaft mit meinen Fehlern beschäftigen, was mich für die Attacken meiner kritischen inneren Stimmen öffnet. Oder ich kann einen Schritt zurücktreten und mich aus einer sehr viel umfassenderen Perspektive betrachten. Heute entscheide ich mich, die lebensspendende Sichtweise derjenigen Person einzunehmen, die ich bin. Ich weiß, daß ich genau an dem Punkt meiner Reise bin, an dem ich sein soll.

Ich kann jetzt klarer sehen.

Heute nutze ich meinen Geist, um zwischen Phantasie und Wirklichkeit zu unterscheiden.

Als Kind zog ich mich oft in meine Phantasiewelt zurück, um den Schmerz eines Lebens in zerrütteten Familienverhältnissen auszublenden. Wurden die Konflikte und das Chaos in meiner Umgebung zu groß, dann flüchtete ich mich in meine idealisierte Welt. Dieser gewohnheitsmäßige geistige Rückzug hindert mich in meinem Erwachsenenleben daran, mit der Welt so umzugehen, wie sie wirklich ist.

Heute analysiere ich den Unterschied zwischen Phantasie und Wirklichkeit in meinem privaten und beruflichen Leben. Das heißt, ich nehme mir Zeit, um aus dem Nebel zu treten und mit klarem Blick mich selbst und meine Beziehungen zu betrachten. Ich muß mich nicht mehr in meine Phantasiewelt flüchten, wenn mir das Leben zuviel Angst einflößt; denn ich bin eine kompetente Person und kann mich jeder Herausforderung stellen. Ich kann ein Leben im Einklang mit der Wirklichkeit für mich selbst und mein inneres Kind gestalten, ein Leben, das mir Zufriedenheit und Freude bringt.

Ich kann die Neigung zur Selbstkritik überwinden.

Heute überwinde ich meine Neigung zur Selbstkritik.

Es war mir immer wichtig, die erste zu sein, die sich kritisiert. Wenn ich mich kritisiere, bevor es jemand anderes tut, so dachte ich, kann ich mir den Schmerz ersparen, von anderen als unzureichend betrachtet zu werden. Dadurch füge ich mir aber ständig selbst Schmerz zu, und, was noch schlimmer ist, ich erschaffe mir ein falsches Selbstbild, das andere dazu bringt, mich ebenfalls auf so unschmeichelhafte Weise zu sehen.

Heute höre ich auf, mich selbst durch diese verzerrende dunkle Brille überscharfer Selbstkritik zu sehen. Statt mich auf meine Fehler zu konzentrieren, akzeptiere und sehe ich mich im Licht des wunderbar vielschichtigen Wesens, das ich bin. Vielleicht sehen mich dann auch andere so.

Heute widme ich mich der Kontemplation über die Quelle meiner Kraft.

Das Haus ist still. Mein Herz nicht. Meine Kinder halten an diesem heißen Nachmittag Mittagsschlaf. Die Rollos schlagen leicht gegen die Fenster.

Die Beweise meiner Erfolge hängen vor mir an der Wand. Symbole für die Liebe meiner Freunde liegen auf dem Schreibtisch herum. Aufmunternde Worte sind hier und dort für mich leicht sichtbar angebracht. Doch die vergangenen Erfolge, die Liebe der Freunde und die aufmunternden Worte scheinen mir nicht zu helfen, ich kann die Unsicherheit, Unzufriedenheit und Angst nicht durchbrechen.

So nehme ich mir Zeit, mit meiner höheren Macht zu sprechen. Ich muß Stück um Stück die Dinge übergeben, die meinen Frieden stören. Ich übergebe sie im Austausch für einen neuen Frieden, der nur aus der Kontemplation für eine Quelle meiner Geisteskraft kommen kann.

Ich lasse andere in mein Leben ein.

Als Kind wurde ich zu eng umklammert, erstickte in der Umarmung von Erwachsenen, die ich nicht mochte. Ich wollte sie wegstoßen, aber das war mir nicht erlaubt – sie waren die Erwachsenen und konnten tun, was sie wollten. So lernte ich, sie geistig auszuschließen. Ich rollte mich tief im Innern zu einer gepreßten Kugel zusammen, nur so und nur dort fühlte ich mich sicher.

Aber so will ich heute nicht mehr leben. Es ist einsam hier. Dieses Leben in ständiger Spannung mit der Welt macht mich krank. Ich bin bereit, aus dem Loch herauszukommen.

Heute erlaube ich meinem inneren Kind, sich zu entspannen und andere in seiner Welt willkommen zu heißen. Ich weiß, es ist genug Platz hier für Menschen, die mich mit Respekt und Güte behandeln. Ich kann mich selbst schützen und doch auch andere in mein Leben hineinlassen.

Ich erlaube mir zu lieben.

»Lieben heißt Leiden«, so lautet ein Sprichwort. So viele Male habe ich Liebe gegeben, die nicht erwidert wurde. Als Kind war ich es, die ihre Eltern bedingungslos liebte. Hätte es eigentlich nicht andersherum sein sollen? Viele schmerzliche Jahre später wurde mir klar, daß meine Eltern unfähig waren, mich auf gesunde Weise zu lieben. Als ich erwachsen wurde, suchte ich mir zum Lieben Menschen aus, die mich nicht lieben konnten. Meine Beziehungen ließen mich ausgehöhlt, verletzt und ohne Hoffnung zurück. Und irgendwo tief im Innern beschloß ich, nicht mehr zu lieben.

Heute erlaube ich mir wieder zu lieben. Ich liebe ohne Angst, ausgehöhlt zu werden; denn ich nutze die Weisheit meiner Erfahrung und lasse mich von ihr führen. Ich werde langsam beginnen und mit verschiedenen Formen des Liebens experimentieren. Einen Fremden begrüße ich mit Lächeln oder Augenzwinkern. Meine Familie und Freunde liebe ich mit der Berührung meiner Hand, mit freundlichen und unterstützenden Worten. Meine Liebe heilt allmählich, und ich lerne, sie mit anderen zu teilen.

Ich feiere meinen Übergang in die Jugendzeit.

Mein Übergang in die Jugendzeit war durch nichts gekennzeichnet. Ich war kein Kind mehr und noch kein Erwachsener. Ich wußte nicht, wer ich war oder wohin der Weg mich führte. Ich hatte das Gefühl, auf einem Fluß ins Nirgendwo zu treiben. Diese Jahre zeichneten sich durch Scham, Verwirrung und wilde Schwankungen der Stimmungslage, der Emotionen und Hormone aus. Der Bodensatz dieser Jahre der Unentschiedenheit steckt noch in mir.

Heute feiere ich meinen Übergang von der Kindheit in die Jugendzeit. Es ist das Ende einer Lebensphase, der Beginn einer anderen Lebensphase. Nun kann ich sie mir eingestehen: die Angst, den Schmerz, die Verwirrung, das Herzeleid, die Leidenschaft und auch die Rebellion. Ich kann mich den unbeantworteten Fragen über das Leben, die Sexualität und den Tod stellen. Diesmal kann ich auch die positiven Aspekte der chaotischen Fülle neuen Wachstums anerkennen, jener nach Ausdruck suchenden stürmischen Energie des Lebens. Ich feiere meine Jugendzeit als Zeit großer Veränderungen, großer Gefahr und großer Kraft. Ich fühle mich stark in meiner Fähigkeit, behutsam durch diese turbulenten Gewässer in die ruhige Bucht des Erwachsenendaseins zu steuern.

Heute nehme ich Notiz von den Wundern der Welt.

Wie bleiben die Sterne oben am Himmel? Wohin verschwindet das Weiß, wenn der Schnee schmilzt? Woher kommt der Wind? Was passierte, während ich erwachsen wurde mit meinem Sinn fürs Staunen und Wundern? Es ist schwierig, die Schöpfung der Welt zu preisen, wenn wir mit dem Überleben beschäftigt sind. In meiner Hast, rasch erwachsen zu werden, versäumte ich Erfahrungen, die die Seele zutiefst bereichert hätten.

Ich weiß, daß das Kind in mir noch immer sehr lebendig ist und gerne einige meiner schlummernden Fähigkeiten zu neuem Leben erwecken würde. Die Aufregung und das Abenteuer des Lebens sind mir noch immer zugänglich, wenn ich meine Grundeinstellung verändere.

Ich befreie mich von den einschränkenden Scheuklappen, die in meinem zerrütteten Elternhaus angelegt wurden. Dann kann ich mich auch an den Wundern der Welt erfreuen.

Heute öffne ich mich für reizvolle Überraschungen.

Heute hole ich mir meine Freude an Überraschungen zurück. Das Leben hält viele wundervolle Überraschungen an unerwarteten Orten und zu unerwarteten Zeiten bereit.

Als ich aufwuchs, schienen Überraschungen immer nur Schmerz und Enttäuschung mit sich zu bringen, niemals Freude. Ich lernte schon früh, das Leben in gedämpften Farben zu sehen und erwartete mir nicht viel. Ein Tag war wie der andere. In dieser Gleichförmigkeit schien Sicherheit zu liegen.

Heute lasse ich freudige Überraschungen in mein Leben ein und beobachte, wie das Gesicht meines inneren Kindes aufleuchtet. Es macht mir großen Spaß, nicht genau zu wissen, was mit mir heute geschehen wird. Vielleicht ist es ein ganz leises Staunen. Vielleicht blicke ich zufällig auf einen Spalt im grauen Straßenpflaster und entdecke dort plötzlich eine winzige wundervolle Blume wachsen. Aber es kann eine freudige Überraschung sein. Vielleicht blicke ich mit einem Lächeln auf, und ein Fremder erwidert mein Lächeln. Heute will ich mich selbst mit meiner wiedererlangten Fähigkeit zum Wundern überraschen.

Ich lerne Abschied zu nehmen.

Als ich zum erstenmal hörte, daß mein Freund weggehen würde, war ich zunächst niedergeschlagen vor Trauer. Wie ein Kind hatte ich davor Angst, verlassen zu werden, entsetzt bei dem Gedanken, wieder allein zu sein.

Ich halte mein inneres Kind in den Armen und erkläre: »Manchmal mußt du lernen, von einem Freund oder einer Freundin Abschied zu nehmen, wenn sich eure Wege scheiden. Es ist schwierig loszulassen, und es macht Angst. Aber wenn eine Freundschaft nicht weiter wächst, dann mußt du loslassen.«

Heute sind mein Freund und ich an einer Weggabelung angelangt. Mein Freund muß den einen Weg nehmen und ich den anderen. Die Trennung macht mich zwar traurig, aber unsere Fähigkeit zur Erfüllung wesentlicher persönlicher Bedürfnisse getrennte Wege zu gehen, erfüllt mich auch mit Freude. Unsere Trennung muß nicht für immer sein. Vielleicht kreuzen sich unsere Wege später wieder.

Heute höre ich auf meine innere Stimme.

Manchmal höre ich zu sehr auf die barschen, befehlshaberischen Stimmen in meinem Kopf: »Gehorche deinem Lehrer. Vater weiß das besser. Tu, was die Erwachsenen dir sagen. Benimm dich. Benimm dich deinem Alter entsprechend. Bitte einen Polizisten um Hilfe, wenn du dich verlaufen hast.« Ich bin ein Kind, das gelernt hat, auf Autoritäten zu hören und gehorcht, ohne nachzudenken. Aber diese alten Stimmen haben nicht immer mein Bestes im Sinn gehabt.

Heute bringe ich diese schnatternden Stimmen zum Schweigen. Ich werde dieses dumme Gerede ersticken, bis es ganz verschwunden ist. Ich will nur noch eine Stimme hören: die starke, klare Stimme meiner inneren Weisheit. Tief in meinem Innern existiert ein starkes Bewußtsein meiner Selbst, dessen Klugheit mich verblüfft. Heute höre ich auf die weisen Worte meiner Mitte und spüre, wie sie mein ganzes Sein durchdringen.

Ich weiß, was für mich richtig ist. Ich trage meine eigenen Antworten in mir. Wenn ich lausche, dann höre ich auch.

Ich feiere mein inneres Kind.

Niemand hat sich in der Zeit meines Heranwachsens groß um mich gekümmert. Meine Eltern schlafwandelten durch die Geburtstage und Festtage. Ich bekam, was ich nach *ihrem* Willen haben sollte. Nie erhielt ich die Geschenke, die ich wirklich wollte oder brauchte, weil sie mit ihren eigenen Problemen zu sehr beschäftigt waren. Für sie war ich mehr Pflicht als Freude. Nun muß ich mein inneres Kind für all die Feiern, die es entbehren mußte, entschädigen.

Ich feiere mein inneres Kind auf vielfältige Weise. Manchmal kaufe ich ihm Geschenke – einen Blumenstrauß, ein Buch oder etwas Besonderes, nach dem es sich schon jahrelang gesehnt hat. Manchmal überrasche ich es mit einem Ausflug über's Wochenende, einer Massage oder einem besonderen Festessen. Manchmal gehen wir in den Zoo oder schauen uns spontan einen Film an.

Ich suche nach Anlässen, die Leistungen meines inneren Kindes zu feiern. Meist aber feiere ich es spontan – einfach weil es dieses Kind ist.

Ich agiere – ich reagiere nicht nur.

Heute will ich über meine Wut und meinen Zorn sprechen, statt nur einfach zu explodieren. Meine unkontrollierten Ausbrüche schaden denen, die ich liebe, und zerstören alle möglichen Drähte für eine deutliche und klare Verständigung.

Meine Eltern waren für mich kein positives Vorbild im gesunden Umgang mit Emotionen. Zorn wurde entweder völlig unterdrückt oder in heller Wut oder beißender Kritik herausgeschleudert. Ich lernte, meinen Zorn herunterzuschlucken, bis er dann plötzlich wie ein Vulkan explodierte. Ich will nicht länger vom Beispiel meiner Eltern oder den Reaktionen des Kindes in mir beherrscht werden. Es steckt fest zwischen einem »schrecklichen« Zweijährigen und einem rebellischen Pubertierenden. Ich werde ihm nicht mehr die Kontrolle über mein Leben einräumen.

Heute explodiere ich nicht mehr, sondern spreche offen über meine Gefühle, wenn ich verletzt oder wütend bin. Ich bin selbst für mein Glück und meinen inneren Frieden verantwortlich.

Heute feiere ich das innere kleine Mädchen oder den inneren kleinen Jungen als aufregendes Überraschungsgeschenk.

Heute heiße ich mein inneres Kind als das Mädchen oder den Jungen, so wie sie erschaffen wurden, willkommen. Meine Geschlechtszugehörigkeit wurde mir von einer höheren Macht gegeben, und ich nehme mein Geschenk mit Dankbarkeit und Freude an.

Als ich aufwuchs, übermittelten mir meine Eltern mehr oder weniger direkt, daß ich das falsche Geschlecht hatte. Sie waren auf eine bestimmte Anzahl von Jungen und Mädchen in einer ganz bestimmten Reihenfolge fixiert: erst einen Sohn, dann eine Tochter, dann noch einen Sohn. Mit meiner Geburt wurden ihre Pläne vereitelt. Immer wieder hatte ich das Gefühl, daß mit mir von Anfang an etwas »nicht stimmte«. Meine Eltern versäumten es selten, mich daran zu erinnern, daß ich ihre Erwartungen nicht erfüllt hätte. Heute bekräftige ich, daß ich ein Mensch bin – keine Nummer und keine Marionette in den Plänen anderer. Denn ich bin nicht für die Erfüllung der Bedürfnisse oder Erwartungen anderer Menschen verantwortlich. Mein Geschlecht gehört mir, und ich bin dankbar dafür.

Ich genieße meine Erfolge.

Meine Eltern waren unfähig, mich zu loben; sie konnten mich nur entmutigen. Die einzigen Erfolge, die anerkannt wurden, waren die, die ein gutes Licht auf sie warfen, nicht die, die für mich von Bedeutung waren. Ich lernte bald, daß es sinnlos war, meinen Enthusiasmus und meine kleinen Erfolge mit ihnen teilen zu wollen. Schließlich resignierte ich und konnte nichts mehr, was ich tat, als wichtig betrachten. Als Erwachsene nehme ich meine Leistungen oft gar nicht wahr, wenn nicht jemand anderes die Sprache darauf bringt, und dann weiß ich nicht, wie ich darauf reagieren soll. Ich unterdrücke mein Lächeln und meinen Enthusiasmus.

Heute will ich mein inneres Kind für seine Leistungen loben. Ich weiß, daß selbst die geringsten Erfolge Anerkennung verdienen. Ich bin stolz auf alle Ideen und Bemühungen. Die Stimme meines inneren Kindes wird kräftiger, seine Augen leuchten vor Stolz, und jeden Tag erzählt es mir von seinen Fortschritten. Dieses Gefühl macht es stark und läßt es seinen Erfolg genießen.

Ich liebe aus meiner Stärke und Kraft heraus.

Ich schöpfe meine Liebe aus meiner inneren Stärke und persönlichen Kraft heraus. Meine Kraft schafft eine gesunde Liebe, die sich in Fürsorge, Wissen, Verantwortung und Respekt manifestiert. Meine Liebe ist ein Spiegel meiner freien Wahl und meiner Fähigkeit, kraftvoll auf etwas zu antworten.

In unserer Gesellschaft wird die Liebe zu einem geheimnisvollen, zufälligen Rausch von Leidenschaft hochstilisiert, von dem jemand plötzlich *ergriffen* wird. Das Sich-Verlieben gilt als Gipfelpunkt der Liebe. Doch wahre Liebe hat nur Bedeutung und ist nur von Dauer, wenn wir verantwortlich lieben und die Gelegenheit nutzen, diese Liebe wachsen zu lassen und sie beständig zu vertiefen.

Heute will ich mich selbst lieben, indem ich mich in echter Fürsorge meiner selbst annehme. Ich entscheide mich dazu, diejenigen Menschen zu lieben, die meine Liebe verdienen und ihre Stärke und Kraft respektieren.

Heute lerne ich Hingabe.

Ich habe eine verängstigte Vierjährige in mir, die glaubt, daß die Welt in sich zusammenbricht, wenn sie die Kontrolle aufgibt. In einem Elternhaus, in dem Spontaneität zu Kritik und Gewalttätigkeit führten, war es schwer, einfach »loszulassen«.

Als Erwachsener wurde mir klar, daß meine Versuche, alles unter Kontrolle bringen zu wollen, zu immer größeren Kämpfen und Frustrationen führen mußten. Heute will ich mir anschauen, wie es wohl wäre, wenn ich allmählich von meinen übertriebenen Bemühungen, das Leben zu beherrschen, abließe.

Meine Welt wird nicht zusammenbrechen, wenn ich die Kontrolle über die meisten Dinge in meinem Leben aufgebe. Ein Fluß wird von mächtigen Strömungen beherrscht. Ein auf dem Fluß treibendes Blatt überlebt nur, wenn es mit dem Strom treibt und nicht, wenn es die Strömungen zu kontrollieren versucht. Ich kann nur ungefährdet und glücklich leben, wenn ich nicht versuche, meine Umgebung ständig kontrollieren zu wollen.

Heute entdecke ich den Weg der Entdeckung und der Freude.

Heute habe ich den starken Wunsch, mich aufzumachen und auf Entdeckungsreise zu gehen – mich an Orte zu begeben, wo ich noch nie war, Dinge zu tun, die ich noch nie getan habe. Ich spüre aufgestaute Gefühle, die ich noch nie hatte, Gefühle, die durch neue Erfahrungen, neue Entdeckungen herausgelockt werden wollen.

Doch das Kleinkind in mir zögert … »Die Welt ist zu gefährlich für dich!« Dies war die Botschaft der Eltern, die, von ihren eigenen suchthaften Bedürfnissen und Unsicherheiten getrieben, nur eines wollten: kontrollieren. Und so habe ich mein Leben in einem sehr engen Kreis des Vertrauten gelebt. Aber als ich älter wurde, fühlte ich mich in diesem Kreis sehr eingeengt, drohte ich zu ersticken. Denn es gibt so vieles in der Welt, was ich noch erfahren muß!

Heute will ich mich dieser sich ständig wiederholenden Schallplatte der Angst verweigern. Ich will mich der unschuldigen Neugier meines inneren Kleinkindes öffnen und »ja« sagen zum Pfad des Wachstums, der Entdeckung und der Freude.

Ich befreie mich von meinen negativen Mustern.

Als Kind bewahrte ich mich vor großem Leid, indem ich mich unsichtbar machte. Ich versteckte mein wahres Selbst, und das half mir, in meinem Elternhaus zu überleben. Die Unsichtbarkeit wurde mein Refugium.

Jetzt, da ich erwachsen bin, hilft mir die Unsichtbarkeit nicht mehr. Wenn ich für mich selbst unsichtbar bin, ignoriere ich meine Bedürfnisse und leugne meine Emotionen. Ich meide das Risiko, anderen zu zeigen, wer ich wirklich bin.

Heute erlaube ich mir, aus meinem Versteck herauszukommen. Ich muß nicht mehr unsichtbar sein, um mich sicher zu fühlen. Ich entscheide mich für die Befreiung aus diesem Kindheitsmuster.

Weil ich ein höchst lebendiges menschliches Wesen bin, will ich ohne Angst vor negativen Folgen voll und ganz am Leben teilhaben. Ich habe an der Person, die ich bin, Freude – eine Freude, die auch meine Mitmenschen teilen.

Meine persönliche Kraft gibt meinem inneren Kind einen stärkeren Halt.

Meine persönliche Kraft und meine Bedürfnisse sind untrennbar miteinander verbunden. Mit zunehmender Teilhabe an meiner Umwelt stärke ich meine Macht und Kraft und auch meine Bedürfnisse.

Als kleines Kind, das in zerrütteten Familienverhältnissen aufwuchs, konnte ich weder meiner Kraft noch meinen Bedürfnissen Ausdruck geben. Ich beschnitt meine Wünsche und schränkte den Spielraum meiner Möglichkeiten ein.

Auf dem Weg zur Gesundung beschränkte sich meine Welt nicht mehr auf eine kleine Leinwand, sondern sie ist ein großes Wandgemälde geworden. Meine Bedürfnisse werden vielfältiger, und ich male nicht mehr nur mit den Grundfarben, sondern in allen Tönungen und Schattierungen des Regenbogens. Meine persönliche Kraft verleiht meiner Sicht von dem, was die Welt sein kann, mehr Struktur, Brennschärfe und Wissen.

Auf dem Weg zur Gesundung präsentiere ich meinem inneren Kind eine aufregende Sicht von der Welt, die ich wahrnehme und forme. Ich habe den Mut, leidenschaftlichen Wünschen Ausdruck zu verleihen, und ich widme meine persönliche Kraft und Macht der Suche nach meiner Erfüllung.

Ich bin offen, Liebe zu geben und zu empfangen.

An diesem Valentinstag feiere ich meine Fähigkeit, mich selbst und andere in einem ausgewogenen Verhältnis von Geben und Nehmen zu lieben.

Ich gebe den Liebeskummer suchtbestimmter Beziehungen auf. Ich falle »dem Pfeilschuß der Liebe« nicht länger zum Opfer. Ich bin nicht länger hilflos zappelnd in die Liebe verstrickt, sondern ich *bin* – fest auf der Erde stehend – in der Liebe, die Arme um meine Liebste oder meinen Liebsten gelegt. Ich kann mit den Emotionen einer Erwachsenen und der Aufregung eines Kindes in die Liebe *hineinwachsen.*

Heute erfreue ich mich an meiner Fähigkeit, mich selbst bedingungslos und mit Respekt lieben zu können. Damit finde ich mehr Fülle in mir, auch andere zu lieben.

Heute will ich meine Phantasiewelt erweitern und eine neue Dimension von Visionen erfahren.

Was wäre, wenn sich meine Augen an den Ellenbogen befänden? Dann könnte ich beim Gehen nach hinten schauen. Heißt das, daß ich dann rückwärts gehen müßte?

Wenn bei Kindern der logische Verstand erwacht, wird auch ihre Phantasie reger. Sie erlauben ihrer Kreativität, eine Welt zu erschaffen, in der alles möglich ist: Was wäre, wenn Wände sprechen könnten? Was wäre, wenn Bäume laufen könnten?

Wenn Kinder auf neue Weise sprechen und sich bewegen, dann erweitern sie ihren Sinn für ihre persönliche Macht und Kraft. Das Träumen großer Träume wird weniger zu einer phantastischen, als vielmehr zu einer, in ihrem Sinne, realen Angelegenheit. Sie können sich wie Bäume bewegen, sie können großartige Geschichten erzählen. Heute höre ich zu, wenn mein inneres Kind fragt: »Was wäre, wenn ...?« Heute erweitere ich meine Vorstellungskraft und erfahre eine neue Welt von Visionen.

Ich akzeptiere meine Freunde so, wie sie sind.

Heute erlaube ich meinen Freunden, sie selbst zu sein. Wenn sie Fehler machen, dann ist das in Ordnung; sie sind Menschen so wie ich. Wenn sie meine Gefühle verletzen, dann können wir darüber sprechen.

Vor meinem Gesundungsprozeß konnte ich meine Freunde nur schwer halten. Sobald sie irgend etwas machten, das mir ganz und gar nicht gefiel, fühlte ich mich verraten und servierte sie ab. »Wenn sie mich wirklich kennen würden oder wenn ihnen wirklich an mir läge«, so sagte ich mir, »dann hätten sie mich nicht enttäuscht.« In meiner Abhängigkeit vertrat ich sehr rigide Normen, denen niemand gerecht werden konnte.

Nun erlaube ich meinen Freunden, sie selbst zu sein – in all ihrer Unvollkommenheit. Und sie erlauben mir, ich selbst zu sein. Wir akzeptieren einander so, wie wir sind. Unsere wechselseitige Akzeptanz bildet das Fundament unserer Beziehung.

Ich habe den Mut, das Tempo zu drosseln.

Ich brauche Zeit, um in Ruhe allein zu sein und über das Leben nachzudenken. Inmitten all des Schmerzes, den ich im Hause meiner Kindheit erfuhr, wollte ich mir keinesfalls die Zeit nehmen, um über irgend etwas nachzudenken. Ich wollte die leidvollen Realitäten meines Familienlebens möglichst weit von mir schieben und stürzte mich in einen Strudel von Aktivitäten.

Jetzt, da ich erwachsen bin, erstickt meine hektische Aktivität die Lebendigkeit meiner Seele. Geistig und physisch erschöpft weiß ich jetzt, daß mein Überleben davon abhängt, wie ich mein Tempo zu drosseln lerne. Heute will ich mich bewußt darum bemühen. Ich will gehen, nicht rennen. Ich werde ablehnen, wenn Freunde oder Mitarbeiter wollen, daß ich nur noch »diese eine Sache« übernehme.

Und jetzt, daß ich mein hektisches Tempo verlangsame, merke ich, daß alte Gefühle wieder auftauchen, denen ich mich zuwenden muß. Ich werde mich stets nur jeweils einem Gefühl widmen und es fragen, was es mir zu sagen hat. Ich habe den Mut, langsamer zu sein, langsamer zu fühlen.

Mein inneres Kind gehört zu den Gewinnern.

Heute wähle ich das Gewinnerteam, dem mein inneres Kind angehört. Das Kind in mir ist ein Gewinner, und ich will das Team finden, das mich verdient. In der Schule fühlte ich mich oft ausgeschlossen, wenn meine Mitschüler ihr Team für einen Wettkampf zusammenstellten. Die beiden Kapitäne standen vor der Klasse und suchten sich ihre Spieler aus. Ich wurde oft als einer der letzten ausgewählt und schämte mich, wenn mein Name schließlich aufgerufen wurde.

Heute gehöre ich zum Gewinnerteam von Wachstum und Gesundung, und ich kann auch anderen Gewinnerteams angehören. Ich könnte mich einer Sportmannschaft anschließen, die meine Teilnahme zu schätzen wüßte. Ich könnte Unterricht nehmen und meine athletischen Fähigkeiten trainieren. Oder ich könnte andere Teams finden – Buchclubs, Malklassen, Selbsthilfegruppen –, in denen mein Beitrag Anerkennung findet.

Ich kann meine eigene Geschichte schreiben.

Es scheint, als wiederholte ich ständig denselben alten Text, den ich als Kind lernte. Es scheint, als sei ich ständig in dasselbe alte Stück verwickelt – ich kann den Anfang, den Mittelteil und das Ende meiner Lebenssituationen voraussagen. Ich lehne mich zurück und beobachte passiv mein Leben, als sei es ein Film, den ich schon hundertmal gesehen habe.

Na gut, dieser Film braucht einen neuen Regisseur, und ich bin engagiert! Heute sage ich: »Schnitt! Wir beginnen noch einmal mit einem neuen Skript. Ich habe hier das Sagen und will neue Charaktere, neue Motive, eine neue Ausstattung. Ich will von den Drehungen und Wendungen des Stücks überrascht werden. Ich will, daß der Text auf frische und aufregende Weise vorgetragen wird.«

Mein Leben ist *mein* Film. Ich bin der Star, und mein Name erscheint in großer Schrift. Mein Film wird kein drittklassiger, billiger und langweiliger Film sein. Dieser Film wird ein Kunstwerk – ein Epos!

Heute will ich jeden Moment genießen.

Ein Kind genießt jeden Tropfen seines Schokoladeneises. Langsam und genüßlich schleckt es an den Eiskugeln in der Waffeltüte. Mag das Eis auch schon schmelzen und über die Hände rinnen, es macht nichts, das wird später abgeleckt. Die Mutter denkt besorgt an die Flecken auf dem Kleid und dem Autositz und bemüht sich, das Kind zur Eile anzutreiben. Vergeblich.

Von diesem Kind kann ich etwas lernen, denn ich rase in einem Tempo durchs Leben, daß ich kaum mitkriege, wo ich bin oder wie ich mich fühle. Oft genug schlinge ich mein Essen herunter, fahre zur Arbeit und komme an meinem Ziel an, ohne irgend etwas anderes bemerkt zu haben als den Wagen vor mir. Arbeit, Sex, Beziehungen und Elternschaft – ich rase durch, ohne je ganz präsent zu sein.

Heute will ich mich darin üben, mein Leben zu genießen. Ich will mir eine Person aussuchen, mit der ich zum Essen gehe. Ich werde jeden Bissen auskosten und mich daran erfreuen. Ich will mir das Material des Stuhles bewußt machen, auf dem ich sitze, ich werde das farbenfrohe Gedeck auf dem Tisch betrachten. Ich will mein Spiegelbild in den funkelnden Augen meines Gegenübers sehen.

Ich muß nicht niedlich sein, um geliebt zu werden.

Ich war ein niedliches Kind und habe von Anfang an daraus Kapital geschlagen. Ich mußte nur scheu blicken oder die Leute unterhalten, und schon bekam ich, was ich wollte. Es war leicht, aber es war nicht das Wahre. Tief im Innern wußte ich immer, daß ich die anderen an der Nase herumführte und daß ich mich nicht immer auf mein niedliches Aussehen und meinen Charme würde verlassen können. Ich wußte, daß ich dabei nicht lernte, selbst etwas für mich zu tun. Schlimmer noch, ich hatte immer Angst, daß die anderen mich nicht lieben würden, wenn sie um mein wahres Selbst wüßten.

Heute erlaube ich meinem niedlichen Kind in mir, es selbst zu sein. Ja, es ist niedlich, aber es ist noch sehr viel mehr. Ich respektiere seine Fähigkeit zu entscheiden, was es braucht, und direkt darum zu bitten. Ich liebe es um seiner selbst willen.

Heute setze ich meine Erinnerungen zur Markierung meines Wachstums ein.

Denkmäler von Kriegen, vernichtetem Leben und Siegen setzen Akzente im heiteren Park mitten in der Stadt. Sie alle bestehen aus Beton und Bronze, um die Jahre zu überdauern und die Erinnerung für immer wach zu halten.

Auch in meinem Gedächtnis sind Denkmäler errichtet. Denkmäler von meinen vergangenen Kriegen, meinen Wunden und den verwüsteten Leben von Familienangehörigen und Freunden. Worte aus Bronze nehmen einen herausragenden Platz ein, um mich an das Geschehene zu erinnern, an den Schmerz, der nie ganz verschwinden wird.

Ich kann wählen, ob ich jedes Denkmal als Mauer aus Stein zur Behinderung meines Wachstums benutzen will oder als Gedenkstein zur Markierung meines Wachstums. Ich kann diese Steine zur Betrachtung der Vergangenheit aufsuchen, wohl wissend, daß ich dort nicht leben muß. Heute will ich mich dafür loben, wie weit ich in meiner emotionalen Heilung gekommen bin.

Ich will mir Zeit fürs Spiel nehmen.

Wenn ältere Kinder Spiele spielen, dann folgen sie den Spielregeln, ohne daß Erwachsene darüber wachen. Es gehört zum kreativen Spiel, daß sie dabei ab und zu die Spielregeln ändern oder ein ganz neues Spiel erfinden. In dieser Weise schaffen sie sich Regeln, die ihren Bedürfnissen entsprechen; sie lernen, daß Ordnung wohl Sicherheit gewährt, aber auch veränderbar, nichts Statisches ist.

In meinem Elternhaus hatte ich nie Zeit, mit anderen Kindern zu spielen. Meine Hausaufgaben und Pflichten galten als wichtiger. Bekam ich einmal die seltene Erlaubnis zu spielen, hatte ich gleich Schuldgefühle. Ich habe nicht gelernt, Regeln zu schaffen, die mir als Kind oder Erwachsener dienlich waren.

Heute will ich ein Spiel finden, das mein inneres Kind spielen möchte. Vielleicht lade ich einen Freund ein, um mit ihm Karten oder Dame zu spielen. Wir können nach den Regeln spielen oder ein neues Spiel mit neuen Regeln erfinden. Heute will ich mein Recht wahrnehmen, neue Regeln zu schaffen, die meinen Bedürfnissen entsprechen. Ich will mir von jetzt ab mehr Zeit fürs Spiel nehmen.

Ich balanciere Schritt für Schritt durch das Leben.

Manchmal habe ich das Gefühl, mein Leben gleiche dem Versuch, einen kalten reißenden Bach zu durchqueren, in dem eine Menge Steine und Felsbrocken liegen. Meine Füße bemühen sich, mit der Kälte nicht in Berührung zu kommen, während ich meinen Blick auf den nächsten herausragenden Stein werfe. Ich schätze die Entfernung ab und springe. Ich ringe um mein Gleichgewicht und suche nach dem nächsten Stein als Sprungbrett. Habe ich ihn gefunden, mache ich vorsichtig den nächsten Schritt. Dieses Muster wiederhole ich immer und immer wieder, bis ich auf der anderen Seite des Baches wieder festen Boden unter den Füßen habe. Im Leben kann ich nicht immer wissen, wie etwas ausgeht. Manchmal sehe ich nur den nächsten Schritt und bin nicht sicher, was er bringt. Was, wenn der Stein zu schlüpfrig ist und ich ins eisige Wasser falle? Wird mich jemand auslachen, wenn ich falle? Werde ich mir weh tun?

Dank meiner Gesundung übermannt mich nicht länger die Panik, wenn ich nur einen Schritt weiter sehen kann. Ich kann diesen Schritt tun und weiß, der nächste wird folgen, wenn meine Füße festen Halt gefunden haben. Und sollte ich fallen, so weiß ich, daß ich dennoch das andere Ufer erreichen werde. Dazu wäre ich durch diese Erfahrung ein bißchen klüger geworden.

Ich mag berühren und berührt werden.

Heute will ich mich in meinem sinnlichen Wesen bestärken. Ich will mein inneres Kind und mich verwöhnen, indem ich physische Zuwendung gebe und empfange.

Mein Bedürfnis, daß mich jemand berührt, mit mir liebevoll spricht und mich hält, wurde, als ich ein Baby und später ein Kind war, nicht erfüllt. Aus dieser Vernachlässigung erwuchs ein Hunger in mir, eine Sehnsucht, liebevoll berührt und gehalten zu werden. Weil meine Eltern mich nie in dieser Weise berührten, war ich sicher, daß nie jemand den Wunsch haben würde, mich zu berühren. Als Erwachsener widerstrebt mir nun dieses Bedürfnis, und ich werde steif und angespannt. Oft verhalte ich mich arrogant oder hart, damit meine tiefste Angst ein Geheimnis bleibt, die Angst, nicht liebenswert zu sein.

In mir kann eine sprudelnde Quelle der Freude freigesetzt werden, wenn ich in spontaner Zuneigung auf andere zugehe und sie berühre. Heute will ich den Arm ausstrecken und meine Fähigkeit feiern, zu berühren und berührt zu werden.

Heute will ich tun, was für mich richtig ist.

Als Kind änderte ich oft mein Vorhaben und tat nicht das, was ich eigentlich tun wollte, weil andere es nicht wollten. Ich änderte auch häufig meine Gefühle, weil andere mir sagten, daß ich nicht so fühlen sollte. Dieses Sich-Anpassen habe ich in mein Erwachsenendasein übernommen. Ja, Anpassungsfähigkeit ist an sich gut, aber ich habe die Neigung, alles fallen zu lassen, nur um jemandem zu gefallen. Das Leben ist ein Balanceakt. Wie das Kleinkind lernen muß, beim Gehen das Gleichgewicht zu halten, muß ich lernen, das Gleichgewicht zu halten, um ich selbst zu werden.

Heute will ich meinen ersten Schritt als Kleinkind tun, um zu lernen, wie ich meine Anpassungsfähigkeit und meine Bedürfnisse in der Waage halte. Ich will meine Gefühle fühlen und mir keine Sorgen machen, wie andere darüber denken oder fühlen. Sagt irgend jemand: »Du solltest dieses oder jenes Gefühl haben«, so will ich mich dem nicht beugen, sondern meine Gefühle für das achten, was sie sind. Ich will versuchen, ein Gleichgewicht herzustellen, zwischen dem, was andere tun wollen, und dem, was ich tun will.

Heute will ich einmal kein Mensch sein, der »immer anderen alles zu Gefallen tut«. Heute will ich tun, was für mich richtig ist.

Heute lasse ich alte Verhaltensweisen hinter mir.

Heute streife ich, so wie eine sich häutende Schlange, alte Verhaltensweisen ab. Schon so lange habe ich diese nutzlosen Abwehrmechanismen mit mir herumgeschleppt, daß sie mir nicht einmal mehr bewußt werden. Aber andere sehen sie, und sie verdecken mein wahres Ich.

Nun will ich meine alten Ängste und negativen Einstellungen abschütteln und hinter mir lassen. Als Kind brauchte ich sie fürs Überleben. Wenn ich sie mir jetzt anschaue, dann bin ich überrascht, wie ausgetrocknet, dünn und zerschlissen sie tatsächlich sind.

Meine neue Haut ist glatt, leuchtend und lebendig. Ich bewege mich ganz leicht und voller Anmut. Ich bin wie verwandelt. Das Gesicht meines inneren Kindes strahlt.

Ich kann emotional auf Distanz gehen und doch liebevoll und fürsorglich sein.

Heute will ich nicht die Wut, die Angst oder Verstimmtheit der Menschen um mich herum auf mich nehmen.

In meinem zerrütteten Elternhaus ermutigte mich niemand, ein eigenständiges Individuum zu sein. Waren meine Eltern wütend oder deprimiert, dann vermittelten sie mir das Gefühl, daß es meine Schuld sei. Sie erwarteten von mir, daß ich sie auf emotionaler Ebene *rettete*. Das Annehmen der Retterrolle funktionierte aber nicht in meiner Kindheit, und sie funktioniert auch nicht in meinem Erwachsenendasein. Sind andere unglücklich, so liegt die Ursache dafür bei ihnen; nichts, was ich tun könnte, wird ihnen dieses Gefühl von Unglück nehmen. Meine Distanziertheit bedeutet aber nicht, daß mich ihr Schmerz kalt ließe. Sie bedeutet, daß ich weiß, daß ich sie aus ihrer Stimmung nicht *erlösen* kann.

Heute achte ich meine Individualität und weigere mich, die negativen Emotionen meiner Mitmenschen auf mich zu nehmen.

Ich stelle ein Gleichgewicht zwischen Arbeit und Entspannung her.

Ich stelle die Balance her – zwischen meiner Arbeit und Entspannung, meinen geistigen und meinen körperlichen Aktivitäten. Auf diese Weise gewinne ich meine Leistungsfähigkeit wieder und führe ein gesundes und vernünftiges Leben.

Als ich aufwuchs, wurde mir in meinem Elternhaus kein ausgewogenes Verhältnis zwischen Arbeit und Entspannung vermittelt. Ich überforderte mich, um die Zustimmung meiner Eltern zu gewinnen, und war mir nicht im klaren darüber, daß sie emotional gar nicht imstande waren, mir diese Zustimmung zu geben. Oder ich gab auf und unterforderte mich aus Angst vor Versagen. In beiden Fällen hatte ich das Gefühl, inkompetent oder unzulänglich zu sein.

Heute platzt mein inneres Kind förmlich vor dem Bedürfnis nach Aktivitäten. Es sehnt sich danach, produktiv und nützlich zu sein. Ich will mein Kind mit der Herausforderung durch sinnvolle Aktivitäten konfrontieren, die aber durch Entspannung und Nachdenken ausbalanciert werden. Ich belebe den Lebensgeist meines inneren Kindes, indem ich in meinem Leben für Ausgewogenheit sorge.

Ich bekräftige die Wahrheit meiner Genesung.

Ich fliege auf einem Motorrad zum Mond ... Meine Hände wurden in Brasilien geschaffen und meine Füße in Ägypten ... Meine Mutter ist eine Forelle, mein Vater ein Karpfen.

Mein inneres Kind liebt Phantasien. In gewisser Weise ist die Phantasie etwas Wahres, denn in ihr drücken sich ein natürlicher spielerischer Umgang mit der Wirklichkeit und ein echter Wunsch aus.

Als Kind brachte ich mein tiefes Verlangen, in einer heilen Familie aufzuwachsen, zum Ausdruck, indem ich mir in meiner Phantasie die ideale Familie erschuf: liebende Eltern, die sich um mich kümmerten, Menschen, die einander respektierten, ein Haus voller Heiterkeit und Freude. Als erwachsenes Kind hatte ich eines Tages die Phantasie, daß ich die Zustände in meiner Familie verändern würde. Mein Verständnis, meine Sensibilität und mein gutes Wesen würden meine Familienangehörigen zwingen, sich der Wahrheit zu stellen, um gesund zu werden. Heute will ich dieses echte Verlangen meines inneren Kindes würdigen, indem ich auf den Unterschied zwischen Phantasie und Realität hinweise.

Mein inneres Kind kann gefahrlos aus seinem Loch herauskommen.

Das innere Kind rennt davon und versteckt sich, wenn ihm jemand zu nahe kommt. Es zeigt sich nur für ganz kurze Zeit, dann bekommt es Angst, rennt davon und verbirgt sich wieder. Es möchte so gerne geliebt werden, es möchte so gerne spielen und das Gute im Leben erfahren. Aber das Leben macht ihm zuviel angst. Das Leben hat ihm nie Sicherheit gegeben.

Es ist Zeit dafür zu sorgen, daß sich mein inneres Kind im Leben sicher fühlen kann; und ich habe die Macht, einen sicheren Zufluchtsort zu schaffen. Sicherheit macht mich frei, nicht nur mich selbst, sondern auch andere zu akzeptieren und zu lieben.

Wenn ich nun mein Augenmerk darauf richte, einen sicheren Hafen für mein inneres Kind zu schaffen, werde ich mir auch meiner alten und neuen Freunde bewußt sein. Ich werde Freunde wählen, die emotional gesund sind und sich auf dem Weg zur Ganzheit befinden. Im Rahmen dieser liebevollen Freundschaftsbande kann mein inneres Kind zum Vorschein kommen und lernen, sich sicher zu fühlen.

Ich kultiviere die Bedürfnisse meines inneren Kindes.

In der Natur können Samen kalte Winter oder lange Dürreperioden überleben. Samen aus alter Zeit wurden, nachdem man sie aufgetaut und gewässert hatte, noch zum Sprießen und Blühen gebracht. Als Erwachsener auf dem Weg zur Genesung habe ich wunderschöne alte Samen entdeckt, die meine schmerzliche Kindheit überlebten. Jeder Same birgt in sich unerfüllte Bedürfnisse. Zunächst kannte ich noch nicht einmal ihre Namen; jeder war klein und dunkel, verschlossen und hart. In meinen frühen Tagen der Gesundung begannen diese Samen aufzusprießen, und ich konnte zwischen »gefühlsmäßigen« und »körperlichen« Samen, zwischen »geistigen« und »spirituellen« Samen unterscheiden. Nun betreue ich täglich ganz behutsam meinen Garten und werde mir dabei deutlich bewußt, daß auch mein inneres Kind eine Struktur und liebevolle Pflege braucht.

Heute will ich den Bedürfnissen meines inneren Kindes sehr sorgsam entsprechen. Ich will mit Zuversicht und Vertrauen sein Wachstum fördern.

Ich kann meinen Ideen folgen.

Heute bestätige ich mir, daß ich nach meinen Ideen handeln kann. Meine Ideen sind es wert, erkundet und realisiert zu werden.

Der kreative Geist meines inneren Kindes bringt alle möglichen guten Ideen hervor. Sie schweben in meinem Bewußtsein wie ein Haufen farbenfroher Luftballons. Doch bissige Stimmen aus der Vergangenheit fahren sie oft an: »Das kannst du nie, das ist zu schwer. Ein anderer kann das sehr viel besser als du.« Die Luft ist raus, und entmutigt verschwinden meine guten Ideen, ohne eine Spur zu hinterlassen.

In diesem Augenblick erkenne ich meine Kreativität und meine Fähigkeiten an. Ich bin zu sehr viel mehr imstande, als ich mir selbst zubillige. Heute will ich mir das Vergnügen machen und austüfteln, wie ich meine gute Ideen umsetzen kann.

Ich will mich auf richtige Weise ernähren.

Heute will ich meinem inneren Kind die Nahrung zukommen lassen, die es braucht.

Meine Eltern bestimmten, was und wann ich zu essen hatte. War ich ein artiges Kind, wurde das Essen zur Belohnung. War ich ein unartiges Kind, bekam ich kein Essen. Mit der Zeit verbanden sich für mich das Essen und meine Emotionen auf völlig wirre Weise. Ich konnte nie sagen, ob ich wirklich hungrig war oder emotionale Nahrung brauchte.

Mein inneres Kind hat einen gesunden Appetit. Wachstum braucht Energie, und verbrauchte Energie muß durch Nahrung wieder aufgefüllt werden. Ich gebe ihm die richtige Art von Nahrung – nicht zuviel Zucker oder Fett, keine Stimulantia oder Depressiva, frisches Obst und Gemüse, Vollkorn. Ich ermuntere es, auf die Botschaften seines Körpers zu achten – so viel zu essen, wie der Körper braucht, und zwischen physischem und emotionalem Hunger zu unterscheiden. Wenn es nach Nahrung hungert, kann es essen. Wenn es nach Liebe hungert, gebe ich ihm so viel, wie es aufnehmen kann.

Ich kann die Wunden meiner Seele heilen.

Manchmal steigt im Dunkel der Nacht der Schmerz ungeheilter Wunden in mir auf. Mir ist dieser Einbruch der Vergangenheit in meine Gegenwart zuwider, und deshalb kämpfe ich gegen den Schmerz an und dränge ihn in der Hoffnung zurück, ihn ein für allemal tief in mir zu begraben. Leider kehrt der Schmerz immer wieder zurück. Wenn der Schmerz heute nacht wieder aufsteigt, will ich meine Arme um das Kind in mir legen und es fest an mich drücken. Ich will ihm sagen, daß es in mir in Sicherheit ist, daß ich seine Verletzungen verstehe wie sonst nur Gott, daß ich weiß, daß es dieses Leid nicht verdient hat. Und ich will ihm versichern, daß ich ihm die liebevollen und aufmerksamen Eltern sein werde, die es nie hatte. Ich visualisiere, wie sich mein unschuldiges inneres Kind in meine Arme schmiegt, und lasse meine heilende Liebe von meinem Körper in seinen Körper einströmen. Denn seine Wunden sind die meinen, mir von Gott anvertraut, damit ich ein Wesen heile, das sich selbst nicht heilen kann.

Mein inneres Kind ist lebendig
und wartet darauf, geheilt zu werden.

Wie entdecke ich mein inneres Kind? Meine Fähigkeit, Freude zu empfinden, spontan zu sein und Risiken einzugehen, sind mir angeborene Qualitäten. Sie sind nicht abgestorben, sondern unter den Jahren der Verteidigungs- und Überlebensmechanismen lebendig begraben. Mein aufrichtiges Verlangen und mein fester Entschluß, mein inneres Kind aus der Verzweiflung herauszuholen, wird mich befreien.

Der Geist meines inneren Kindes muß geübt werden, oder es wird dahinwelken. Ich kann nicht mehr die Wunder und die Herrlichkeit des Lebens nur dadurch erfahren, daß ich darüber rede oder Bücher lese. Ich kann mich nicht im warmen Schein des inneren Kindes einer anderen Person baden oder durch die Freude eines anderen Menschen leben. Ich muß all das selbst erleben.

Ich muß mich nicht fragen, wo mein inneres Kind ist – es ist in mir und wartet darauf, sich zu zeigen, wartet auf Heilung. Heute will ich meinen Mut einsetzen.

Ich nutze meine Macht auf kluge Weise.

In meinem Elternhaus lernte ich einiges über die Macht. Meine Eltern waren von ihren Süchten abhängig und ließen es zu, daß ich sie manipulierte. Insgeheim wollte ich Grenzen gesetzt bekommen, aber es gab sie nicht.

Auf dem Spielplatz schubste ich andere Kinder herum. Ich schüchterte sie so sehr ein, daß sie alles taten, was ich wollte. Einerseits gefiel mir diese Kontrolle über andere. Andererseits hatte ich Angst und war einsam. Brutalos haben keine wirklichen Freunde. Ich war sicher, daß diese Macht irgendwann außer Kontrolle geraten würde und ich mir selbst oder anderen Leid zufügen würde.

Heute will ich mit meiner Macht Frieden schließen. Ich kann fühlen, wie sie tief aus dem Innern ausstrahlt und meinen Geist, meinen Körper und meine Seele stärkt. Sie ist eine Kraft, die ich weise nutzen soll. Sie kann mir dann helfen, viele wunderbare Dinge zu vollbringen.

Ich akzeptiere, daß ich eine machtvolle Person bin, und kann nun allmählich auch die Macht in jeder anderen Person sehen und respektieren.

Ich kann in meinem Körper leben.

Als ich vier Jahre alt war, liebte ich meinen Körper. Ich benutzte ihn, um zu rennen, Seil zu springen, auf Bäume zu klettern. Ich fand Vergnügen an ihm, bis ich ein Teenager wurde. Dann wandte sich mein Körper plötzlich gegen mich. Überall sprossen Pickel, und er wuchs an den falschen Stellen. Ich konnte meine Füße nicht mehr richtig setzen. Ich haßte meinen Körper, und nach einer Weile haßte ich mich selbst für den Körper, den ich hatte. Ich versteckte ihn so gut wie möglich unter lockerer und weiter Kleidung. Ich zog die Schultern ein, um mich noch unsichtbarer zu machen. Bald hatte ich das Gefühl, daß niemand mehr meinen Körper oder mich noch sehen konnte. Mit den Jahren war ich es dann leid, unsichtbar zu sein.

Jetzt bin ich stolz darauf, daß ich gesehen werde. Ich habe meine alten Klamotten, unter denen ich mich versteckte, weggeworfen. Meine neuen Kleider bringen meine Persönlichkeit zum Ausdruck und betonen die Vorzüge meines Körpers. Meine Haut leuchtet vor Freude, daß ich wieder in ihr stecke. Das vierjährige Kind in mir ist glücklich über meinen Entschluß, wieder in meinem Körper leben zu wollen.

Meine Genesung nimmt Form an!

Als Kind verbrachten meine Freunde und ich Stunden, ja Tage mit der Zusammensetzung eines Puzzles. Am Anfang lagen die einzelnen Stückchen in einem hoffnungslosen Wirrwarr bedeutungsloser Formen und Farben. Dann bekamen sie ganz allmählich immer mehr Sinn. Das hier mußte ein Stück vom Himmel sein. Und jenes gehörte ganz sicher zum Gesicht einer Person. Stück für Stück nahm das Muster Form an. Und dann paßten plötzlich alle Stückchen zusammen, und das Rätsel war gelöst.

Manchmal verfange ich mich so sehr in scheinbar bedeutungslosen Details, daß ich das Muster meines Lebens nicht mehr erkennen kann. In diesen Phasen bin ich dann so frustriert, daß ich alles aufgeben möchte. Dann erinnere ich mich an meine Puzzles in der Kindheit. Ich trete einen Schritt zurück und schaue mir die Stückchen in meinen Händen genau an und auch die Stückchen, mit denen andere zu meinem Leben beitragen. Erst dann sehe ich, wie meine Gesundung Gestalt annimmt.

Heute lege ich eine zuträglichere Gangart ein.

Meine Eltern drängten mich, früh lesen zu lernen, gute Noten zu bekommen, härter zu arbeiten, schneller voranzukommen ... Das Leben war ein Wettlauf zur Spitze der Erfolgsleiter; der Preis ging nur an die Stärksten. Spiel war Zeitvergeudung.

Gut, mein Ziel war die Spitze, und ich habe sie erreicht, aber ich bin immer noch am Rennen und weiß nicht, wie ich anhalten soll. Ich rase so schnell, daß ich das Leben nur verschwommen wahrnehmen kann. Ich bin immer unter Streß. Ich muß mein Tempo unbedingt drosseln.

Heute lege ich eine freundlichere Gangart ein. Ich stelle meinen Wecker ab und schlafe, bis mir mein Körper sagt, daß es Zeit zum Aufwachen ist. Ich strecke mich und steige langsam aus dem Bett und strecke mich noch einmal. Ich frage mich: »Was würde ich heute gern tun?« Ich warte auf die Antwort. Ich bin überrascht und entzückt, wenn sie wie kleine Seifenblasen in meinem Geist aufsteigt.

In freudiger Erregung mache ich mich für einen neuen Tag bereit.

Ich lerne, meine Wut auf verantwortungsvolle Weise zu äußern.

Ich will angemessene Ventile für meine Wut finden, ich will sie weder ignorieren, noch mein Leben von ihr beherrschen lassen.

Vor meiner Genesung glaubte ich, daß Zorn und Wut etwas Unrechtes seien, und kanalisierte sie auf ungesunde Weise. Oft genug machte ich meinem Ärger Luft, indem ich aß oder Medikamente nahm, und schädigte mich und andere durch mein unberechenbares, zerstörerisches Verhalten.

Meine Eltern ließen mich glauben, daß meine Wut verschwinden würde, wenn ich sie unterdrückte. Heute weiß ich, daß ich den richtigen Umgang mit meinen Emotionen nie lerne, wenn ich sie unterdrücke und verdränge.

Vom heutigen Tag an soll mein Leben nicht mehr von meiner unterdrückten Wut beherrscht werden. Ich werde meinem inneren Kind sanft beistehen, damit es verantwortungsbewußte Ventile für seine Wut findet, statt Tobsuchtsanfälle zu bekommen. Ich will meinen Zorn nicht mehr – ungerechterweise – auf meinen Partner, meine Kinder oder Mitarbeiter richten. Vielmehr werde ich mich an andere um Beistand und Unterstützung wenden.

Ich kann selbst entscheiden, was für mich richtig und falsch ist.

Heute beginnt ein neues Kapitel in meinem Leben. Von jetzt an will ich die mir aus meinen Erfolgen und Fehlschlägen erworbene Weisheit einsetzen, um zu entscheiden, was für mich richtig und was falsch ist.

Als Kind zwangen mir meine Eltern und andere einflußreiche Personen ihr Wertesystem auf. Ich war mir meiner Rechte nicht bewußt und akzeptierte passiv ihre Ansichten von richtig und falsch als die meinen. Schließlich wurden ihre Erwartungen zu einer Zwangsjacke, die mein Wachstum behinderten. Tief im Innern weiß ich, daß ich so Gefahr laufe, für immer meine Integrität und Authentizität zu verlieren.

Heute will ich diejenigen Entscheidungen über richtig und falsch bekräftigen, die aus dem innersten Kern meines Wesens kommen und nicht die Meinung anderer widerspiegeln. Ich werde experimentieren und herausfinden, was in meinem Leben am besten funktioniert, ohne von der Angst vor Fehlern gelähmt zu werden.

Ich bestehe aus vielen Facetten.

Als Kind liebte ich es, die Dinge auseinanderzunehmen und wieder zusammenzusetzen: die alte Kaffeemaschine, kaputte Uhren, altes Blechspielzeug. Es war unendlich faszinierend zu sehen, auf welch vielfältige Weise sich die einzelnen Teile zusammenfügen ließen.

Heute bin ich von der Entdeckung der vielen Aspekte meiner Persönlichkeit gleichermaßen fasziniert. Ich betrachte mich selbst Stück für Stück, forschend. Wie sieht dieses Stück aus? Warum ist dieses Stück kaputt? Kann es repariert werden? Wie paßt dieses Stück zu den anderen? Funktioniert es noch, wenn ich es an anderer Stelle wieder einsetze?

Ich habe gelernt, daß es sehr wichtig ist, mich nicht im Ärger über mich selbst auseinanderzunehmen. Ich werde kein Todesurteil über das kleine Kind in mir aussprechen, das sich manchmal ungezogen, trotzig oder ungehörig zeigt. Ich freue mich an meiner Fähigkeit, alle meine Facetten zu erkunden und sie dann wieder liebevoll zu einem frischen, neuen Ich zusammenzufügen.

Heute will ich mit meinem inneren pubertierenden Jugendlichen Geduld haben.

Ein Mißklang von Tönen attackiert das Ohr, wenn ein Symphonieorchester seine Instrumente stimmt. Dieses beunruhigende Geblöke, Gequietsche und Gebrüll ist so ganz anders als die harmonischen Klänge, die folgen sollen. Wenn die Konzertbesucher die angekündigte Darbietung nur nach dem Einstimmen beurteilen sollten, würden sie den Konzertsaal fluchtartig verlassen und nie auf die großartige Musik schließen, die sie erwartet.

Die Pubertät läßt sich mit dem Stimmen der Instrumente eines Symphonieorchesters vergleichen. Ein Wirbelsturm von Emotionen, Entscheidungen und Handlungen schafft Mißtöne und Konfusion für Erwachsene und Pubertierende gleichermaßen. Es braucht sehr viel Geduld, diese Mißklänge auszuhalten und auf eine schöne Symphonie zu warten. Manchmal bin ich wieder so eine Pubertierende und bringe häßliche, zusammenhanglose Töne hervor. Zu oft bin ich dann entmutigt, weil ich dieses Wirrwarr mit dem Endresultat verwechsle. Heute will ich darin einen Einstimmungsprozeß sehen, die Vorbereitung auf eine sich anschließende großartige Symphonie.

Ich kann weinen, wenn ich traurig oder verletzt bin.

Mein inneres Kind hat Angst, eine Heulsuse genannt oder als Schwächling betrachtet zu werden. Meine Eltern haben oft meinen Schmerz heruntergespielt: »Ach komm schon, so schlimm kann es gar nicht sein!« Oder sie haben ihn ganz und gar geleugnet: »Du hast einfach nur zu nah am Wasser gebaut. Dir fehlt gar nichts.« Ich hielt den Atem an, ballte die Fäuste und schluckte die Tränen hinunter, wo sie bis heute tief in meinem Innern verblieben.

Heute umarme ich liebevoll mein inneres Kind und erlaube mir zu weinen. Mit meinen Tränen werden die alten Verletzungen tief im Innern allmählich nach oben geschwemmt, sie fließen über, strömen frei heraus. Ich spüre, wie Schmerz und Leid meinen Körper verlassen, wie meine Tränen das Elend und die Spannung wegwaschen, die ich so lange in mir trug.

Ich erlaube meinem inneren Kind zu weinen und zu schluchzen, bis die Tränen von allein versiegen. Ich merke, um wieviel leichter ich mich fühle. Ich sage meinem inneren Kind, daß es seine Tränen fließen lassen soll, wenn es traurig oder verletzt ist. Weinen ist in Ordnung.

Mein inneres Kind ist die Quelle meiner Vitalität.

Heute lasse ich meiner Energie freien Lauf. Ich will auf meine Gefühle achten und ihnen Ausdruck verleihen.

Das zweijährige Kind in mir muß seine Emotionen freisetzen. Dieses kostbare Kind mußte sich in seiner Vitalität zügeln, um sich in Sicherheit zu bringen. Es war oft gefährlich, Wut, Trotz oder Angst zu zeigen. Allzu oft mußte ich diese Äußerungen vor dem mißbilligenden Blick meiner Mutter und der Gewalttätigkeit meines Vaters verbergen. Ich glaubte, daß mich meine Eltern verlassen würden und ich allein zurückbleiben müßte, wenn ich meine Gefühle wirklich zeigte.

Heute ist mein zweijähriges Kind sehr präsent und lebendig, und ich will es so lieben, wie es das braucht. Das heißt, daß ich zu seinem Trotz und Eigensinn stehen kann und ihm keine Schuldgefühle mache. Ich will meinem inneren Kind erlauben zu heilen, indem ich mir selbst erlaube, anderer Meinung zu sein als andere. Sollte ich mich in einer Beziehung der Abhängigkeit befinden, dann wird mir mein zweijähriges Kind helfen, mich daraus zu lösen. Wenn ich meinen Standpunkt klarmachen muß, dann gibt mir mein kostbares inneres Kind die Energie, dies auch zu tun.

Ich habe ein Recht auf meine eigene Wahrheit.

Als Kind mußte ich meine Sicht der Wahrheit verzerren, um überleben zu können. Mein Vater lag vom Suff betäubt auf dem Boden. Ich blickte durch mein mentales Kaleidoskop und sah nur, daß er ein Nickerchen machte. Was sonst hätte ich annehmen sollen?

Die verzerrte Sichtweise, die mich in meiner Kindheit überleben ließ, zerstört nun unseligerweise mein Erwachsenenleben. Wenn ich das Leben durch die Brille meiner Kindheit betrachte, sehe ich die Menschen nicht, wie sie sind, und komme aus den schlimmen Situationen nicht mehr heraus.

Heute will ich mein altes Kaleidoskop fortlegen. Ich will meine Beziehungen mit dem Blick eines Erwachsenen, nicht mit dem eines verschreckten Kindes betrachten. Ich will mir selbst und anderen nichts mehr vorlügen. Das Leben in einer Phantasiewelt ist schmerzlich, aber allmählich überwinde ich die Hindernisse, die mich davon abhalten, mir selbst die Wahrheit zu sagen.

Ich bin die Schöpferin meines Lebens.

Heute will ich meine Fähigkeit, mein eigenes Leben selbst zu erschaffen, bekräftigen. Ich muß nicht länger von den Händen der Menschen geformt werden, die nicht gerade mein höchstes Wohl im Auge haben. Ich muß nicht länger nur ein Produkt der zerrütteten Familienverhältnisse sein, in denen ich aufwuchs. Mein inneres Kind verdient etwas Besseres.

Ich bin das Material aus Ton, ich bin die Bildhauerin. Ich kann hier etwas hinzufügen, dort etwas wegnehmen, schwache Partien verstärken und zu dichte und undurchdringliche Partien durchlässiger machen. Ich kann eine innere Struktur schaffen, die es mir erlaubt, frei zu stehen. Ich habe unendlich viele Möglichkeiten.

Ich werde mit der Erschaffung meiner selbst nie zu Ende kommen. Ich bin immer im Zustand des Werdens. Im Glauben an meinen Heilungsprozeß und im Vertrauen auf meine höhere Macht erschaffe ich mir ein neues Selbst.

Heute hüpft mein inneres Kind vor Freude.

Heute hüpft mein inneres Kind vor Freude, aber vor ein paar Wochen kämpfte es noch mit dem Rhythmus: eins – zwei – drei, eins – zwei – drei, Ferse – Spitze, Ferse – Spitze. Meine Füße wollten mit mir durchgehen oder wild herumhüpfen, als wollten sie mir sagen: »Du hast nur zwei von uns, und wir gehen eins – zwei, eins – zwei. Mehr können wir nicht. Mehr können wir nicht.«

Doch tief im Innern fühlte ich einen anderen Rhythmus – voller Anmut wie ein Tanz und reizvoll wie ein Rätsel. So blieb ich beharrlich, und eines Tages machten meine Füße einen Hopser und fielen in den Rhythmus eins – zwei – drei; ich beherrschte die Schritte vollkommen. Am nächsten Tag geriet alles wieder durcheinander, und ich mußte von vorn anfangen. Bald beherrschten meine Füße den Rhythmus, ohne daß ich ihnen noch sagen mußte, was sie zu tun hatten.

Heute fühle ich eine Lebensfreude, eine Leichtigkeit, die ich mir durch harte Arbeit erworben habe. Ich schaue auf meine Kämpfe und Anstrengungen zurück und staune, wie weit ich gekommen bin.

Heute sage ich ohne Schuldgefühle nein.

Heute sage ich nein, wann immer dies meinem echten Interesse dient. Und was ebenso wichtig ist, ich sage dies ohne Schuldgefühle oder Angst.

Die Reaktion auf die Ablösungsversuche von meinen Eltern war die Drohung, mich zu verlassen. Folglich lernte ich aus Angst vor Zurückweisung, möglichst keine eigene Meinung zu haben.

Tief in mir spüre ich nun den starken Wunsch, ich selbst zu werden, frei zu sein von allen ungesunden Bindungen, und zu entdecken, wer ich wirklich bin. Wenn ich meine Grenzen außer acht lasse und anderen erlaube, sie zu verletzen, füge ich mir selbst Leid zu.

Heute will ich mich selbst genug lieben, um nein sagen zu können, wenn es nötig ist. Ich will meinem inneren Kind die Sicherheit geben, daß mich die, die mich wirklich lieben, nicht verlassen werden, wenn ich ihnen etwas abschlagen muß. Ganz gleich, wie die Reaktion ausfällt, heute will ich mich gut behandeln und ohne Schuldgefühl und Angst nein sagen.

Ich bin in jedem Alter liebenswert.

Ich bin in jedem Alter liebenswert. Ich muß nicht mehr wissen, als ich weiß, ich muß mich nicht anders fühlen, als ich mich fühle, ich muß nicht auf eine ganz bestimmte Weise aussehen oder handeln. Mein Wesen ist liebenswert, und ich werde um meiner selbst willen geliebt.

Manchmal probieren Kinder Verhaltensweisen aus, die der Reife ihres Alters weniger entsprechen oder über sie hinausgehen. Ein vierjähriges Kind, das wie ein Baby geknuddelt werden möchte, verhält sich vielleicht auch wie ein Baby. Ein sechsjähriges Kind, das nach Kameradschaft sucht, stellt vielleicht die Fragen eines Erwachsenen, um die Aufmerksamkeit eines Erwachsenen auf sich zu lenken. In meinem Elternhaus wurde ich ausgelacht, wenn ich mich unreif oder altklug verhielt. Meine Bedürfnisse wurden erfüllt, wenn ich mich wie ein Erwachsener oder aber wie ein kleines Kind verhielt. Mir war nie erlaubt, mich meinem Alter gemäß zu verhalten, und so lernte ich auch nie, was das bedeutet. Ich erfuhr nicht, daß ich unabhängig von meinem jeweiligen Wachstumsstadium geliebt wurde.

Heute will ich das Kind in mir und auch mein erwachsenes Selbst lieben. Meine Bedürfnisse werden erfüllt, indem ich direkt um Zuneigung und Kameradschaft bitte. Ich bin in jedem Alter liebenswert und verdiene es, geliebt zu werden.

Heute ist mein inneres Kind frei von Angst.

Ich bin einfach auf dieser Erde.
Muß ich mich da fürchten?
Mandan-Lied,
übersetzt von Frances Densmore

Ich schaue zu, wie das kleine Kind in die Luft geworfen wird, wie es strahlend und lachend von den starken, ausgestreckten Armen seiner Mutter oder seines Vaters liebevoll wieder aufgefangen wird. Das Kind fühlt sich sicher und ist abenteuerlustig zugleich.

Heute will ich meine Ängste und Sorgen in die Obhut meiner höheren Macht legen. So bin ich frei, meine Umgebung wie auch die innere Welt zu erforschen.

Ich kann meine Gefühle ungefährdet erkunden. Ich kann mich strecken und eine zarte Blüte berühren, mit den Fingern den Ornamenten eines schmiedeeisernen Gitters nachfahren, über die Trittsteine eines Teiches hüpfen. Ich kann meine Spiritualität erforschen und mir eine höhere Macht vorstellen, die ein Wachstum wünscht.

Heute will ich frei sein von Angst und frei sein, auf Entdeckungsreise zu gehen.

Heute lasse ich meine Neugier zu.

Heute ist meine Neugier besonders lebhaft, und ich mache mich zur Erkundung von Orten auf, die meine Neugier reizen. Meine Neugier ist es, die mich dazu treibt, mehr von meiner Welt erfahren zu wollen.

Im Alter von sechs bis achtzehn Monaten läßt unsere innere Uhr unsere Neugier erwachen, die uns dann dazu treibt, unsere Welt zu erforschen. Als ich ein Kleinkind war, schätzte man jedoch meine Neugier nicht. Meine Eltern sagten sehr schnell: »Hör auf damit! Faß' das nicht an! Nein, das darfst du nicht!« Zu oft bekam ich Schläge, wurde ich gedemütigt, weil ich mich meinem Alter gemäß benahm. Wenn heute mein inneres Kind schüchtern die Hand nach der Welt ausstreckt, gebe ich ihm keinen Klaps, schimpfe ich nicht. Vielmehr ermuntere ich es und bestätige ihm, daß es recht daran tut, seiner Neugier Ausdruck zu verleihen.

Heute will ich, wenn meine Neugier geweckt ist, auf eine physische, mentale und emotionale Erkundungsreise gehen. Ich will die Dinge durch Gespräche und Nachforschungen erkunden. Gibt mir etwas ein Rätsel auf, dann bitte ich um eine Erklärung. Mein inneres Kleinkind kann sich heute sicher fühlen und ist glücklich, daß man sich um es kümmert.

Meine Ideale sind Teil meiner Realität.

Meine Ideale sind ein wesentlicher Bestandteil meines Menschseins. Ob ich Ideale haben möchte oder nicht, ist nicht Gegenstand einer Wahl, wie ich auch nicht die Wahl treffe, ein Mensch zu sein. Wohl aber wähle ich Ideale, die meine persönlichen Werte widerspiegeln.

Als ich als Kind hohen Zielen und Träumen nachjagte, sagten so manche Erwachsenen zu mir: »Du bist jung und idealistisch. Warte nur ab, bis du erwachsen bist!« Wenn Erwachsenwerden bedeutete, daß ich meine persönlichen Träume oder meinen Wunsch nach Gerechtigkeit in der Welt opfern sollte, dann wollte ich nicht erwachsen werden.

Heute verkünde ich meinem inneren Kind die frohe Botschaft: Ich will meinen Idealismus niemals verlieren. Idealismus gehört zum Menschsein, und das Menschsein ist Bestandteil der Realität.

Im Zusammenhang mit meinem Gesundungs- und Reifeprozeß will ich Ideale herauskristallisieren, die meine Wünsche und Werte widerspiegeln. Ich will Gruppen und Organisationen ausfindig machen, die diese Ideale aktiv und wirkungsvoll umsetzen. Durch Worte und Taten will ich meine Ideale erfüllen.

Heute will ich auf Worte hören.

Worte bringen die Welt zu den Kindern.
Worte geben der Welt Form: Kreise, Dreiecke, Vierecke, Geraden, Kurven.
Worte geben der Welt Farbe: weinrot, rabenschwarz, kanariengelb.
Worte geben Sinn: erklären, lehren, zeigen.
Worte ergeben Unsinn: gaga, rosa Elefanten, schmeckt's der Kartoffel.
Worte feiern: Prunk, Party, Weihnachten.
Worte öffnen: Fenster, Imagination, Wandel.
Worte bringen Freude: singen, tanzen, lachen, spielen.
Worte überbringen Erwachsenen Botschaften: heilen, ermächtigen, wachsen, heute.

Ich vertraue mir selbst.

Mein inneres Kind hat nicht das Vertrauen, daß es die Straße überqueren kann, ohne von einem Auto angefahren zu werden, oder daß es einen Bergpfad hinaufwandern kann, ohne abzustürzen. Das Komitee in seinem Kopf sagt: »Das kannst du nicht. Du bist zu klein, zu ungeschickt, zu dumm.« Das Kind sucht nach einer Hand, die es hält; erwartet, daß andere seinen Schritten Halt geben. Und wieder sind keine Hände da, auf die es zählen kann. Es erstarrt, hat Angst, allein einen Schritt zu gehen.

Heute will ich mich in meine eigenen Hände begeben, voller Vertrauen auf ihre Stärke und Fähigkeiten. Ich will ruhig und gelassen bleiben, auf meine innere Weisheit hören, auf die Stimme, die sagt: »Geh weiter, ich vertraue dir. Alles ist in Ordnung.« Ich gehe Hand in Hand mit meinem inneren Kind, bis es bereit ist loszulassen.

Ich unterstütze die Gehversuche meines Kleinkindes.

Ich schaue den ersten Gehversuchen meines Kleinkindes zu. Ich will ihm zu Hilfe eilen und ihm zeigen, wie es am besten verhindern kann, daß es sich verletzt.

Als ich ein Kleinkind war, hatte ich nicht genügend Schutz. Es gab wenig Gelegenheiten, die Welt zu erforschen, und ich wurde zu früh dazu gedrängt, meine Welt in den Griff zu kriegen und alles sorgfältig zu bedenken. Vielleicht habe ich aufgrund dieser mangelnden Fürsorge in meiner Kindheit nun als Mutter oder Vater zu sehr kompensiert.

Heute wird mir klar, daß mein Kind nie lernen wird, mit seinen Emotionen umzugehen, wenn ich es vor allem Schmerz bewahre. Ich muß ihm erlauben, Fehler zu machen, damit es herausfinden kann, was für es selbst am besten funktioniert. Ich muß es hinfallen lassen, damit es lernt, wieder aufzustehen. Ich will ihm nicht das Recht nehmen, sich mutig und stolz und mächtig zu fühlen.

Was ich meinem Kind anbieten kann, das ist das, was ich immer wollte ... eine sichere Umgebung, liebevolle und ermutigende Eltern und eine Hand, an der es sich festhalten kann.

Ich schaffe mir eine gesunde Zukunft.

Schnee fällt in weichen, weißen Flocken zur Erde, verwandelt die Gestalt und das Aussehen der Landschaft. Liegt der Schnee dicht und hoch, dann verbirgt er alles, das Schöne wie das Häßliche. Schrottautos, Müll, Blumen und Gärten werden alle zu unbestimmten Formen in endloser weißer Weite. Erst im Frühling sehen wir wirklich, was unter dem Schnee liegt. Diese wunderschöne Decke verbirgt das Gute wie das Schlechte. Solange der Frühling nicht kommt, kann sich kein neues Wachstum entfalten, kann sich keine neue Heilung ereignen.

Heute will ich mich nicht länger vor dem Frühling fürchten. Ich will ihn willkommen heißen. Wenn sich meine Vergangenheit enthüllt, will ich den alten Schrott wegräumen und über die guten Erinnerungen nachsinnen. Dann will ich wie ein liebevoller Gärtner Samen pflanzen und das neue Wachstum fördern. In dieser Zeit der Wiedergeburt schaffe ich mir eine gesunde Zukunft, indem ich mich um meine Genesung kümmere.

Heute freut sich mein inneres Kind.

Als Kind mußte ich, um in meiner Familie überleben zu können, meine eigenen Bedürfnisse vernachlässigen. Aus Angst habe ich meine Körperfunktionen oft ignoriert.

Da waren die Nächte, in denen ich im Bett lag, die Streitereien im Suff mitanhören mußte und Angst hatte, auf die Toilette zu gehen. Ich lernte, bei häuslichen Gewaltausbrüchen den Atem anzuhalten, um nichts davon zu spüren. Mein Geist war vierundzwanzig Stunden am Tag in Alarmbereitschaft, aber mein Körper sehnte sich nach Ruhe.

Als Erwachsene leide ich noch immer an den Wunden meiner Kindheit. Um den Schmerz auszublenden, mache ich sehr flache Atemzüge, die kaum meine Lungen füllen. Häufig bin ich so beschäftigt, daß ich buchstäblich vergesse, zu essen oder auf die Toilette zu gehen.

Heute will ich mich drei Grundaufgaben widmen: Ich will atmen, ich will fühlen, ich will mich entspannen.

Ich will Entzücken und Begeisterung ausstrahlen.

Ich bekräftige die heilenden Eigenschaften des Lachens, und jeden Tag fange ich komische Eindrücke vom Leben ein – Witze, Versprecher, bizarre und ironische Situationen.

Ich kann lächeln und über meine eigenen Anmaßungen lachen. Ich kann lustig sein, ein Clown, ich kann den Gang eines Pferdes nachahmen. Das Lachen wirkt wie ein Reinigungsmittel, es spült die Schlacken aus meinen emotionalen Leitungen. Es entspannt den Körper und läßt ihn schlaff werden wie gekochte Spaghetti. Lachen versetzt meine Seele vor Freude in Schwingung.

Es gibt Zeiten, in denen Traurigkeit, tiefer Schmerz und Zorn die Heiterkeit ersticken und das Leben schwarz und humorlos erscheinen lassen. Doch dank meines inneren magischen Kindes habe ich die Macht, ein Lächeln heraufzubeschwören und die komischen Ungereimtheiten des Alltags zu sehen. Heute will ich mich der Heiterkeit und Fröhlichkeit des Lebens öffnen, und mein Lächeln soll echtes Entzücken und Begeisterung ausstrahlen.

Heute will ich meinen Körper für mich beanspruchen.

Als ich ein Kind war, war mein Körper jedermanns Eigentum – er gehörte allen, nur mir nicht. Andere konnten ihn anfassen, wann und wie immer es ihnen gefiel, und niemand konnte sie daran hindern, am allerwenigsten ich. Was mich anging, so mußte ich Mißbrauch für Liebe halten. Meine einzige Abwehr bestand in der Leugnung, daß mein Körper ein Teil von mir war.

Viel zu lange habe ich weiterhin allen erlaubt, meinen Körper zu mißbrauchen – gewöhnlich im Namen der Liebe. Heute hat es damit ein Ende. Mein Körper gehört mir. Niemand hat das Recht, mir zu sagen, was ich damit zu tun habe. Ich entscheide, wann und wie ich berührt werden will und wann mir nicht danach ist. Mein Körper umhüllt mich in sich. Ich muß ihn stark und gesund erhalten und ihn mit Respekt behandeln, und ich erwarte, daß andere meinen Körper respektieren, so wie ich das tue.

Heute will ich meinen Körper zurückfordern. Um meiner selbst und meines inneren Kindes willen entwickle ich gesunde körperliche Grenzen.

Es ist wichtig herauszufinden, was mir Freude macht.

Als Baby war es für mich wichtig, mich zu winden und herumzustrampeln, um so die für mich bequemste Körperposition herauszufinden. Durch dieses Gezappel lernen wir alle, mit anderen eine körperliche Bindung einzugehen. Doch viele von uns wurden von suchtabhängigen Eltern großgezogen, die keine Geduld mit unserem Gestrampel und Gezappel hatten. Manche von uns wurden von narzißtischen Eltern aufgezogen, die unser Zappeln als Beleidigung auffaßten – sie meinten, daß das Kind gar nicht in den Armen gehalten werden wollte. So lernten wir sehr früh, uns in unserem Verhalten anzupassen, um unsere Eltern zu erfreuen. Jetzt, da ich erwachsen bin, existiert noch immer ein Kind in mir, das sich nach einer solchen körperlichen Bindung sehnt. Doch wenn ich umarmt oder liebkost werde, werde ich steif und starr. Wenn mir unbehaglich zumute ist, gebe ich keinen Mucks von mir.

Wenn mich heute eine Person berührt oder umarmt, der ich vertraue, werde ich soviel herumzappeln, wie ich will, bis ich mich wohl fühle. »Es ist in Ordnung, wenn ich herausfinde, was mir gefällt und was mir Freude macht.« Es ist wichtig für mich, daß ich im Zusammenleben mit anderen meinen Platz finde.

Heute beschwöre ich meine jugendliche Energie herauf.

Rastloses Schreiten – Nie in Ruhe,
Nie im Frieden. Lauernd und wartend
Wie ein Panther im Käfig.
Greg Spieker

Als Jugendlicher genoß ich die Freiheit wie einen vorbeiziehenden starken süßen Duft, den ich fast schmecken konnte. Doch war ich von meinen Absichten und Möglichkeiten überwältigt.

Als ich ein Teenager war, konnte ich mühelos Träume und Visionen heraufbeschwören, aber ich glaubte, daß sich die Welt schon allein durch Ideen verändern ließ. Niemand hat mir beigebracht, wie man Ideen mit Handeln in Einklang bringt.

Zu Beginn meiner Genesung hatte ich eine Vision von einem freien und gesunden Leben, die sich so real anfühlte, daß ich sie beinahe berühren zu können glaubte. Mit zunehmender Erfahrung lernte ich, daß Freiheit – wie mein Gesundungsprozeß – ein Prozeß ist, der Tag für Tag voranschreitet. Heute will ich die Energie meines »jugendlichen Panthers« heraufbeschwören, um meiner Vision von Freiheit näherzukommen.

Mir gefällt mein Körper wie auch mein Geist.

Als Teenager war mir das Kämmen meiner Haare eine sehr wichtige Angelegenheit. Als Junge quälte ich mich stundenlang mit dem Rasieren dreier Barthaare. Als Mädchen trug ich Augen-Make-up und Wimperntusche auf, als handele es sich um eine komplizierte Augenoperation. Schaute ich in den Spiegel, so trachtete ich nach Vollkommenheit; natürlich war ich oft enttäuscht. Dann hatte ich eines Tages eine Art Vision und sah, daß ich mehr als nur attraktiv war; ich sah ein Gesicht, das keinem anderen Mann oder keiner anderen Frau glich, und ich fing an, meine körperliche Einzigartigkeit als Schönheit zu begreifen. Manchmal wurde diese Vision durch die Kritik anderer Gleichaltriger oder durch eine Kultur verdunkelt, die Schönheit nur in sehr engem Raum definiert. Als erwachsenes Kind hatte ich dann vergessen, daß ich jemals eine Vision von meinem Gesicht gehabt hatte, die mir gefiel.

Heute will ich in den Spiegel blicken und meine Einzigartigkeit wiederentdecken. Ich will die Veränderungen in meinem Gesicht sehen, die durch meinen Genesungsprozeß herbeigeführt wurden. Da ich gesunde, spiegelt sich in meinem Gesicht innere Stärke und Integrität, und ich freue mich über meinen Körper wie auch über meinen Geist.

Heute will ich die mir zur Verfügung stehenden Mittel nutzen.

Es gibt die Geschichte von einem Mann, der während einer Überschwemmungskatastrophe auf dem Dach seines Hauses festsaß. Es kamen die verschiedensten Vehikel vorbei, und die Insassen boten ihm an, ihn mitzunehmen und in Sicherheit zu bringen. Doch die spirituelle Intuition seines inneren Kindes meldete sich zu Wort und sagte: »Gott wird mich retten.« Schließlich kam der Mann um. Als er Gott gegenüberstand, wollte er wissen, warum Gott ihn nicht gerettet hatte. Und Gott antwortete: »Nun, ich habe dir ein Floß, ein Ruderboot, ein Motorboot und einen Hubschrauber geschickt.«

Mein verängstigtes inneres Kind muß nicht darauf warten, daß es durch Wunder gerettet wird. Ich will nicht länger anderen die Schuld geben oder mich selbst zum Märtyrer machen. Ich werde entschieden handeln und mich jener Vehikel bedienen, die mir jetzt zur Verfügung stehen. Meine Zielstrebigkeit und meine gut durchdachten Entschlüsse werden mich in Sicherheit bringen. Meine höhere Macht schickt mir Gelegenheiten zur Heilung und zum Wachstum, aber es liegt an mir, mich der verfügbaren Mittel zu bedienen. Heute will ich die Verantwortung für meine Heilung selbst übernehmen.

Heute fühle ich, wie sich neues Leben in mir regt.

Natalie Goldberg berichtet von einer Lehrerin, die sie eines Tages beiseite nahm und sagte: »Schau unter die Pulte. Auf dem Boden liegt Dreck von den Schuhen. Das ist ein gutes Zeichen. Es bedeutet Frühling.«

Übergänge sind keine ordentliche Angelegenheit. Zu Beginn des Frühlings sehen wir noch Spuren des Winters. Ist der Boden schließlich von der weißen Schneedecke ganz befreit, zeigen sich braunes Gras und schlammige Gehwege. Aber das neue Leben regt sich, und die Zweigspitzen tragen bereits kleine harte Knospen.

Zu Beginn des Frühlings fühle ich mich ruhelos und vage unbehaglich. Aber ich bereite mich auf den Wandel vor, und das Unbehagen weicht neuem Wachstum. In meinem zerrütteten Zuhause war mir ständig unbehaglich zumute. Es gab keine Stabilität, an der ich einen Wandel hätte messen oder voraussagen können. Heute will ich dieses Chaos willkommen heißen und Ruhelosigkeit mit einer Art von Erregung gleichsetzen. Ich fühle mich sicher im Wirken meiner höheren Macht. Mein Potential entfaltet sich, und neues Leben regt sich in mir.

Liebende Berührung heilt das innere Kind.

Berührung gibt Energie. Berührung vermittelt das Gefühl, daß die Welt nicht nur ein angsteinflößender oder schlechter Ort ist. Berührung sagt, daß jemandem daran gelegen ist, daß ich lebendig bin.

Im Hause meiner Kindheit war eine liebende Berührung selten. Sie geschah oft nur, wenn meine Bedürfnisse zu stark waren, um noch länger geleugnet werden zu können. Schlimmer noch, eine Berührung bedeutete nicht unbedingt Liebe, sie verband sich oft mit Wut und Zorn. Jetzt, da ich erwachsen bin, fällt es mir nicht leicht, mit einer Berührung locker umzugehen.

Heute will ich dafür sorgen, daß ich eine Massage bekomme, sei es von jemand Professionellem oder von einer engen Freundin. Ich erlaube mir, mich zu entspannen und die Energie durch meinen Körper fließen zu lassen. Ich will meinen Geist zur Ruhe bringen, damit mein Vergnügen nicht durch Gedanken gestört wird. Durch die Berührung will ich mir erlauben, mich sicher, geliebt und umsorgt zu fühlen.

Ich entscheide mich, positive Gedanken zu haben.

Negative Überzeugungen und Einstellungen, die aus meinem Elternhaus herrühren, schränken meine Möglichkeiten ein und ersticken meine Emotionen. Diese Einstellungen vergiften und unterminieren mein persönliches und berufliches Erwachsenendasein.

Ich erkenne an, daß ich Emotionen habe, aber ich bin sehr viel mehr als nur meine Emotionen. Auch wenn meine Gefühle und Gedanken mein Bewußtsein durchströmen, muß ich doch nicht von ihnen hinweggetragen werden.

Heute will ich nicht zulassen, daß meine Gedanken von negativen Überzeugungen beherrscht werden. Ich werde sorgfältig nur gesunde Gedanken auswählen, die mein Handeln anleiten. Wenn ungesunde Überzeugungen auftauchen, werde ich sie wie Gäste, die zu lange geblieben sind, verabschieden.

Ich will meine Gefühle wie alte und liebe Freunde begrüßen, die mich für eine Weile besuchen und dann wieder gehen.

Meine Sexualität gehört mir.

Sexuelle Gefühle gehören zu meiner Natur, zu dem, was ich fühle. An sexuellen Gefühlen ist nichts Schlechtes. Habe ich diese Gefühle, so heißt das noch nicht, daß ich sie ausleben muß. Ich kann sexuelle Gefühle haben und dennoch für meine Sexualität Verantwortung tragen. Fühlen heißt *nicht,* handeln zu müssen.

Wenn meine Gefühle zu bedrohlich werden oder mich zu überwältigen scheinen, werde ich sie beruhigen, indem ich sanft mit mir umgehe. Ich will den Jugendlichen oder die Jugendliche in mir sprechen lassen, der oder die den Umgang mit Sexualität gerade lernt.

Ich habe die Verantwortung für mich selbst. Ich werde nicht zulassen, daß mir jemand anderes sagt, was ich zu tun oder zu lassen habe, daß mich jemand drängt, etwas zu tun, das ich nicht tun möchte, oder daß mich jemand wegen meiner Entscheidungen lächerlich macht. Meine Sexualität gehört mir, und nur mir. Und ich kann sie mit jeder Person teilen, die ich mir dazu aussuche.

Heute will ich mich an meiner Sexualität erfreuen.

Ruhe erfüllt jeden Teil meines Wesens.

Heute abend muß ich mich unbedingt ausruhen, mich von meinen brodelnden Gedanken lösen und meine verkrampften Muskeln entspannen. Aber Stahlbänder scheinen meinen Körper starr und unbeweglich zu halten. Szenen aus meiner Kindheit flackern vor meinem inneren Auge auf: Meine Eltern streiten und brüllen sich an, ihre gewalttätigen Worte erfüllen mich mit Furcht und Entsetzen. Das verängstigte fünfjährige Kind in mir warnt: »Schütze dich! Die Welt ist gefährlich. Du mußt auf der Hut bleiben!« Das innere Kind braucht Liebe und Trost. In Gedanken halte ich es liebevoll in meinen Armen, presse seine Wangen an die meinen, massiere sanft seine verkrampften Nackenmuskeln und seinen Rücken, bis die schraubstockartige Verspannung und Angst aus ihm gewichen sind.

Und nun rufe ich vor meinem inneren Auge einen warmen Lichtkreis ins Bewußtsein, der Liebe und Sicherheit ausstrahlt und uns beide einhüllt. Mit Freude merke ich, daß ich dieses kleine Kind in mir getröstet und dabei auch meine Bürden als Erwachsener abgeworfen habe. Eine tiefe Ruhe erfüllt nun jeden Teil meines Wesens.

Das Kind in mir verdient Liebe.

Ein riesiges Plüschkaninchen namens Alex sitzt auf meinem Bett. Alex hat das einzigartige Privileg, wann immer nötig, Stellvertreter für mein inneres Kind zu sein. Wenn das kleine Kind in mir getröstet werden muß, nehme ich Alex in den Arm und wiege ihn. Wenn mein inneres Kind ein sanftes Schlaflied braucht, singe ich es Alex leise vor. Ich behandle Alex, wie ich gerne als kleines Kind behandelt worden wäre.

Heute will ich Wege finden, mich um mein kleines Kind zu kümmern. Es gibt viele Möglichkeiten, es aus seinem Versteck zu locken. Ich kann ein Buch mit einfachen Liedern und Schlafliedern kaufen und sie ihm vorsingen. Ich kann mit sanften Worten und Melodien all seine Furcht und Angst hinwegstreicheln.

Vor meinem geistigen Auge will ich mein inneres Kind schaukeln und süße und törichte Worte in sein Ohr flüstern. Es ist ein ganz besonderes und wunderbares Kind, das alle Liebe verdient, die ich ihm geben kann. Heute wird es von meiner Liebe erfüllt sein.

Ich verleihe meiner Persönlichkeit Ausdruck, die dabei ist, sich zu entwickeln.

Mein inneres Kind ist eine begabte Schauspielerin. Im Laufe des Tages kann ich mich den vielen Anforderungen meines Lebens anpassen. Ich kann fürsorglich, kompetent, töricht, ernst oder sexy sein. Ich stelle meine vielen Rollen meisterhaft dar und feiere meine Vielseitigkeit. Ich bringe mich zu der Überzeugung, daß ich diese eine Persönlichkeit bin; dann tausche ich dieses Kostüm gegen ein anderes ein und blinzle verdutzt über die plötzliche Verwandlung.

Ich weiß, wer ich bin, und überrasche mich endlos selbst damit. Ich erwarte, daß Überraschungen Bestandteil meines Wachstums sind, und bin über meine Veränderungen entzückt.

Auf dem Weg zur Gesundung entdecke ich neue Möglichkeiten, wie ich der Herausforderung meiner Persönlichkeit Ausdruck verleihen kann. Ich teste meine wachsenden Kräfte durch die Annahme neuer Rollen und Lebensweisen.

Mein Körper ist ein Wunder.

Schau mir zu! Schau mir zu! Mein inneres Kind fordert, daß ich der wunderbaren Art und Weise, wie mein Körper reagiert, Aufmerksamkeit schenke.

Mein Körper ist kein Aktenkoffer, der geduldig an der Tür wartet, bis ich bereit bin, mit ihm zur Arbeit zu gehen. Mein Körper ist ein Wunder, und deshalb bin ich das auch. Mein Körper ist geheimnisvoll, und seine inneren und äußeren Mechanismen faszinieren mich endlos.

Heute sehe ich meinem Körper in Aktion zu. Ich überquere die Straße und bewundere meine Augen und Ohren, die wach für Gefahren wie auch Schönheiten sind. Ich bin mir meiner Beine bewußt, die sich von Ort zu Ort bewegen. Selbst meine Haut reagiert auf den sanften Lufthauch, der an meinem Gesicht vorbeistreicht. Ich atme tief ein, und mir wird dabei die ständige Erneuerung meines Körpers und meines Geistes bewußt.

Weisheit und Autorität meines Körpers erfüllen mich mit Ehrfurcht und tiefer Zufriedenheit.

Ich heile mich von innen her.

Als Kind eines Alkoholikers neige ich dazu, Gott so zu sehen, wie ich meine Eltern sah: als gewalttätig, launisch und verurteilend. Ich wuchs mit der Vorstellung auf, daß ich sehr viel bitten und betteln muß, nur um gehört zu werden. Ich glaubte ernstlich, daß ich, wenn ich nicht vollkommen war, bestraft werden würde. So wie ich aufwuchs, war ich spirituell gesehen eine Null. In mir spürte ich eine ungeheuere Leere, die danach schrie, aufgefüllt zu werden. In meiner Verzweiflung wandte ich mich dem Essen, Drogen, Sex und Beziehungen zu, die mir ein Gefühl von Vollständigkeit geben sollten. Nach Jahren des Leidens merkte ich, daß es so etwas wie einen raschen »Schuß« nicht gibt.

Heute wird mir klar, daß Abhängigkeit zum Teil eine spirituelle Krankheit ist, die von innen her geheilt werden muß. Auf dem Weg zur Gesundung entdecke ich, daß Spiritualität ihre Wurzel in der Selbstliebe hat. Während ich lerne, mein inneres Kind neu zu bemuttern, erfahre ich auch allmählich die gottgleichen Qualitäten von Freude, Schönheit, Freiheit und bedingungsloser Liebe. Nun kann ich glauben, daß ich auf dem Weg zu einem ganzheitlichen Menschen bin.

Ich kann mich wie ein Erwachsener anziehen und doch ich sein.

Es scheint, als hätte ich ewig Bluejeans getragen. Als junger Teenager lernte ich bald, daß Jeans ein Zeichen der Zugehörigkeit waren, das Zeichen einer einfachen Rebellion gegen meine Eltern, die wollten, daß ich »anständige« Kleidung trug. In meinen Jeans wurde ich von meinen Freunden akzeptiert, ich gehörte dazu und drehte den Konventionen eine lange Nase.

Meine Teenagerjahre waren schließlich vorbei, aber ich trug weiterhin jeden Tag Bluejeans. In anderer Kleidung fühlte ich mich nicht wohl. Ohne meine Jeans hatte ich nicht das Gefühl, wirklich ich selbst zu sein.

Heute bin ich kein rebellischer Teenager mehr. Ich fühle mich mit meiner Reife wohl und ziehe mich der Situation angemessen an. Bei der Arbeit trage ich Arbeitskleidung; für Parties bevorzuge ich die elegante Linie. Wenn ich Lust habe, trage ich Bluejeans. Ich kann mich wie ein Erwachsener kleiden und doch ich selbst bleiben. Meine Freiheit in bezug auf die Kleidung ist Spiegelbild meiner inneren Freiheit.

Ich empfinde meine wahren Gefühle und drücke sie auch aus.

Auf dem Weg zur Genesung suche ich für mein inneres Kind nach sicheren Orten und angemessenen Möglichkeiten, um mächtigen Emotionen Ausdruck verleihen zu können.

Meine Eltern drückten ihre Gefühle nicht auf klare und verantwortungsbewußte Weise aus. So lernte ich meine Emotionen zu verstecken oder falsch zu benennen. Ich fühlte Wut, wenn ich Angst hatte, und Traurigkeit, wenn ich wütend war.

Auf dem Weg zur Gesundung lerne ich nun, meinen Gefühlen ehrlich Ausdruck zu geben. Wenn ich auf einen Freund wütend bin, drücke ich meine Gefühle in ärgerlichem Ton aus und beschreibe sein Verhalten und meine Empfindungen ohne Schuldzuweisung. Bin ich auf jemanden wütend, dem ich nicht vertraue, dann gebe ich meinen Gefühlen deutlich persönlich Ausdruck. Bin ich traurig, rufe ich vielleicht eine Freundin an und bitte sie um Trost, oder ich spiele traurige Musik und weine so lange, wie mir danach ist. Wenn ich glücklich bin, lächle ich oder lache laut.

Heute will ich meine wahren Gefühle fühlen und ihnen angemessen Ausdruck verleihen.

Meine Vorstellungskraft ist lebhaft und gut.

Tun wir so, als ob ... ich sein könnte, wer immer ich sein will. Wenn ich meinem inneren Kind erlaube, seine Imagination einzusetzen, kann ich mich von meinen negativen und schädlichen falschen Vorstellungen von mir selbst befreien.

Ich wünsche, ich wäre ... eine starke, entschlußkräftige Person. Und schon bin ich es! Da stehe ich groß und stolz. Ich kenne meinen Geist und mein Gemüt, und es fühlt sich großartig an.

Ich wünsche, ich wäre ... häufiger glücklicher. Ich tue so, als wäre ich glücklich, und merke, wie ein Lächeln mein Gesicht erhellt. Die Tatsache, daß ich lächle, bringt in meinem Körper einen Quell von Glücksgefühlen zum Sprudeln. Kinder lernen, indem sie mit neuen Verhaltensweisen experimentieren. Wenn ich so tue, als wäre ich anders, als ich gewöhnlich bin, dann kann ich nicht vertraute, aber erwünschte Eigenschaften »ausprobieren«, Eigenschaften wie Stärke, Entschlußkraft, Glücklichsein.

Heute will ich meine Imagination einsetzen, um neue Lebensmuster zu erschaffen.

Ich bin mit der Erde verbunden.

In meiner Jugend war ich ungeschickt und unkoordiniert. Ich schaffte es nicht, daß der Schläger den Ball traf. Ich stolperte über meine eigenen Füße. Die physische Welt bot mir keine Sicherheit mehr, und ich flüchtete mich in meine Innenwelt, über die ich Kontrolle ausüben konnte.

Ohne daß ich es merkte, wurde diese Innenwelt nicht nur eine Zuflucht, sondern mein Zuhause. Ich wollte meinem Körper entfliehen, und das bewirkte, daß ich mich selbst in der Welt überhaupt nicht mehr wahrnahm. Die Folge war, daß ich nicht in der Realität verwurzelt bin. Ich bin nicht imstande, mich an meiner Umwelt zu orientieren, und ich habe kein Gefühl von Geerdetsein oder Unterstützung.

Heute will ich mich mit jedem Schritt fest auf den Boden stellen. Ich will fühlen, wie die Energie aus dem tiefen Innern der Erde durch meine Fußsohlen nach oben ausstrahlt, wie sich die Energie der Erde in meinem Körper ausbreitet. Wie eine Nabelschnur verknüpft mich die Energie der Erde sanft, aber sicher mit der Quelle des Lebens. Ich werde nicht davonschweben. Ich bin mit der Erde verbunden.

Ich gehöre in die Welt, so wie ich bin.

Ich gehe die Dünen hinunter, lasse die Autos auf dem Parkplatz und das Gras und Gestein des festen Bodens hinter mir. Meine Füße sinken in den Sand ein, und ich verlangsame meine Schritte. Ich gehe bis zum Rand des Wassers. Eine Welle leckt an meinen Zehen. Dann zieht sie sich in den Ozean zurück, ich jage ihr nach, und für ein paar Augenblikke spielen wir Fangen.

Jetzt fällt mein Blick auf meine Fußabdrücke – den tieferen Abdruck meiner Fersen und die fächergleich ausgebreiteten Abdrücke meiner Zehen. Die Wellen überschwemmen den Uferrand und füllen meine Fußabdrücke mit Wasser. Ich benenne meine Sorgen und Ängste und lege sie in den Sand. Und Sandkorn um Sandkorn werden meine Fußabdrücke weggewaschen.

Und wieder rollen die Wellen an Land, und ich überlasse die Bürde meiner Verantwortung und Belastungen der Obhut des Ozeans. Der Strand ist glatt und glitzert. In meinen Geist ist Frieden eingekehrt. Das Wasser wirkt auf mich wie ein beruhigendes und entspannendes Schlaflied. Ich betrachte den Horizont, und sein Blau erfüllt meine Augen. Ich bin Teil der Natur und gehöre in die Welt, so wie ich bin.

Ich weiß, wer ich bin.

Wer bin ich?

Bin ich die Person, die ich dem Wunsch meiner Eltern nach sein sollte? Bin ich die Person, für die mich meine Freunde halten? Bin ich das Gesicht, das ich der Welt präsentiere?

Manchmal fühle ich mich wie eine ganze Menschenansammlung – ich kann jederzeit für jedermann zu einer anderen Person werden. Kein Wunder, daß ich mich selbst so leicht aus den Augen verliere.

In diesem Moment bringe ich meine vielen Persönlichkeiten zum Schweigen und lausche auf meine innere Stimme. Ihr klarer ruhiger Ton erfüllt mich mit Gewißheit. Meine vielen Gesichter sind Ausdruck meines wahren Selbst. Ich weiß, wer ich bin.

Ich bringe Ehrlichkeit in meine Beziehungen.

Als Kind hatte ich tödliche Angst davor, ehrlich zu sein. Von den Wutausbrüchen der Eltern und emotionalem wie physischem Mißbrauch terrorisiert, lernte ich schon sehr früh, daß es nutzlos und manchmal auch gefährlich war, meine Bedürfnisse direkt auszudrücken. Ich wurde im Jammern und Klagen sehr geschickt.

Als Erwachsene habe ich mein Kindheitsmuster bis zur Perfektion verfeinert. Ich manipulierte andere und brachte sie dazu, sich um mich zu kümmern, indem ich mir den Anschein hoffnungsloser Bedürftigkeit oder Hilflosigkeit gab oder den Eindruck erweckte, in einer Krise zu stecken oder am Rande einer Katastrophe zu stehen. In Wirklichkeit aber drängte meine Unaufrichtigkeit andere beiseite und untergrub mein Identitäts- und Selbstwertgefühl.

Heute will ich anderen meine Gefühle und Bedürfnisse ganz offen mitteilen. Ich manipuliere nicht, spiele keine Spielchen, habe keine Hintergedanken. Wie auch immer die Reaktion sein mag, ich werde die tiefe Befriedigung des Wissens spüren, einen bedeutsamen Schritt auf meinem Weg zur Ganzheitlichkeit getan zu haben.

Ich verdiene Ordnung und Schönheit in meinem Leben.

Arbeiten für Kinder: »Bevor du nicht mit dem Staubsaugen fertig bist, darfst du nicht raus und spielen. Bevor nicht das Laub zusammengerecht ist, darfst du nicht ins Kino.«

Wie viele andere Kinder und Erwachsene verabscheue ich das Wort *Hausarbeit.* Damit verbinde ich etwas, das auf keinen Fall Spaß macht. Oft wurden solche Arbeiten benutzt, um mich zu bestrafen. Meine Eltern versäumten es, mir die nötigen Dinge beizubringen, so daß ich mich noch immer unfähig fühle, die täglichen Haushaltspflichten zu bewältigen.

Heute will ich mir eine Aufgabe vornehmen und mich daran freuen. Ich will mir etwas aussuchen, das mir Spaß macht, oder aber eine Möglichkeit finden, wie die Arbeit Spaß macht. Laute und temperamentvolle Musik mit Pausen zum Tanzen können das Aufwischen des Küchenbodens zum Vergnügen machen. Heute will ich meiner Kompetenz als Erwachsene Anerkennung zollen; ich verdiene die Ordnung und Schönheit eines gut geführten Haushalts.

Ich kann in den Wassern des Lebens schwimmen.

Heute will ich mir bestätigen, daß ich durch die Wasser des Lebens schwimmen kann.

Manchmal habe ich das Gefühl, überschwemmt zu werden – von Emotionen, Ängsten, Möglichkeiten. Ich habe das Gefühl, von der tosenden Flut des Lebens weggetragen zu werden. Die riesige Welle, die da auf mich zubraust, flößt mir Ehrfurcht ein – und Angst. Ich werde wie ein Kind, das zum ersten Mal am Strand steht, ertrinken, wenn ich stehenbleibe und mich vom Leben überwältigen lasse. Aber wenn ich hineinspringe und mit der Welle schwimme, kann ich mich retten.

Doch dies ist nicht mein erster Tag am Strand, und ich kann schwimmen. Ich springe also ins Wasser und schwimme mit kraftvollen und zuversichtlichen Zügen. Ich suche mir meinen Weg und lasse mich dabei von der Strömung tragen. Wenn ich müde werde, ruhe ich mich für einen Moment aus, trete Wasser und beobachte den niemals endenden Fluß des Lebens. Habe ich mich ausgeruht, hole ich Atem und schwimme weiter.

Ich will diesen neuen Tag mit Vorfreude und Spannung begrüßen.

Manchmal, wenn ich nachts im Bett liege, lastet der vergangene Tag noch schwer auf mir. Ich denke über ihn nach und kann kaum einschlafen. Jeder Fehler und jedes Problem tritt mir auf unheimliche Weise vor Augen. Ich frage mich, ob ich mich dem nächsten Tag noch stellen kann.

Der Morgen dämmert herauf und bringt einen neuen Tag, bringt einen frischen Energievorrat, der für heute ausreichen wird. Wenn ich mich ausschließlich auf die Gegenwart konzentriere, muß ich die Zukunft nicht fürchten. Ich werde über genügend Energie verfügen, um mich den wie auch immer gearteten Problemen, die auf mich warten, zu stellen.

Jeder neue Tag bringt die Gelegenheit, neu anzufangen und die Fehler, die ich mache, hinter mir zu lassen. Wenn ich versagt habe, wenn ich eine falsche Wahl getroffen habe, dann werde ich mich auf angemessene Weise entschuldigen, bevor ich auf meinem Weg fortschreite.

Meine Seele ist von der Sonne und dem Versprechen eines brandneuen Tages erfrischt. So wie mein fröhliches inneres Kind will auch ich diesen Tag mit Vorfreude und Spannung begrüßen.

Meine Sinnlichkeit wird durch die Natur geweckt.

Als ich ein Kind war, hielt die Natur immer neue Überraschungen für mich bereit. Jede neue Jahreszeit brachte neue Anblicke, neue Gerüche, neue Laute und neue Aktivitäten mit sich. Jetzt, da ich erwachsen bin, kenne ich auf den Wechsel der Jahreszeiten nur zwei Grundreaktionen: »Es ist zu kalt, mach die Heizung an« oder »Es ist zu warm, schalte die Klimaanlage ein.« Ich habe die Botschaften der Jahreszeiten ausgeblendet. Damit habe ich mich auch von den fortwährenden Veränderungen in meiner Welt abgeschnitten. Ich habe die Freude vergessen, die ich als Kind über den Wechsel der Jahreszeiten empfand: das Herumspringen in den raschelnden, goldbraunen Blättern des Herbstes, die Abkühlung unter dem Rasensprenger in der heißen Sommersonne, das Glitzern des Sonnenlichts auf frisch gefallenem Schnee, der Geruch des Grases, wenn es im Frühling gemäht wird.

Heute will ich meine Sinne wieder öffnen – der warmen Sonne, die meine Haut wärmt, der Kühle des Windes, der durch mein Haar streicht, dem Geruch des Regens auf heißem Pflaster, der kalten Nachtluft, die meine Lungen füllt. Die auf meine Sinne gerichtete Aufmerksamkeit verleiht meinem Leben eine unmittelbare und ganz neue Intensität.

Wenn ich meine Unschuld aufgebe,
akzeptiere ich meine Weisheit.

Älter werden heißt, daß ich meine Unschuld verliere. Ich muß als notwendigen Bestandteil meines Wachstums meine Unschuld aufgeben. Dabei verliere ich nicht mein gutes Wesen oder meinen Idealismus. Denn sowohl mein gutes Wesen als auch mein Idealismus wurzeln in Weisheit.

Ich mag den Verlust meiner Unschuld betrauern, aber mein tiefster Kummer rührt daher, daß meine Unschuld verraten wurde. Ich wuchs in Familienverhältnissen auf, die durch zwanghaftes Verhalten geprägt waren. Ich akzeptierte diese Regeln in aller Unschuld. In meiner natürlichen Liebe und meinem Vertrauen zu meinen Eltern maß ich ihnen Wichtigkeit bei. Heute will ich, wenn der richtige Zeitpunkt gekommen ist, meiner Unschuld Ehre erweisen, indem ich sie aufgebe. Meine Unschuld diente meinem inneren Kind, bis mein Wissen und Urteilsvermögen uns beide schützen konnten. Und da ich meine Unschuld aufgebe, akzeptiere ich meine Weisheit.

Heute will ich meinem Perfektionsdrang abschwören.

Heute will ich meinen Perfektionsdrang in die Schranken verweisen und liebevoll alles annehmen, was ich bin.

Als Kind verdiente ich mir mein Daseinsrecht dadurch, daß ich versuchte, vollkommen zu sein. Denn in meiner Familie wurden Fehler einfach nicht akzeptiert. Aber immer wieder erwies sich die Vollkommenheit als unerreichbares Ziel. Die Fehler und Mißerfolge, die mit dem Menschsein verbunden sind, schienen sich ständig über mich lustig zu machen. Am schlimmsten aber war es, daß mich mein Perfektionsdrang dazu trieb, jemand sein zu wollen, der ich gar nicht bin.

Als Teil meines Gesundungsprozesses habe ich entdeckt, daß das Eingeständnis, daß ich über Stärken, aber auch über Schwächen verfüge, etwas unglaublich Befreiendes hat.

Heute will ich das verschreckte Kind in mir lieben und respektieren, das Kind, das vollkommen sein mußte, um akzeptiert zu werden. Heute will ich meine Menschlichkeit feiern und die Eigenschaften, die mich zu der Person machen, die ich wirklich bin.

Ich bin der Anwalt meines inneren Kindes.

Heute bin ich der Anwalt meines inneren Kindes. Ich warte geduldig darauf, daß das Kind seinen Gefühlen und Bedürfnissen Ausdruck verleiht. Je aufmerksamer ich zuhöre, desto beredter spricht das Kind in mir. Je mehr ich meinem Kind-Selbst seine Stimme verleihe, desto besser trage ich Sorge für mich selbst.

Als Kind fühlte ich mich in meinem zerrütteten Elternhaus verloren. Ich fühlte mich dem Druck eines Erwachsenen ausgesetzt, und dadurch wurde mein inneres Kind verstümmelt. Für meine Bedürfnisse oder Ansichten, für mein Kindsein war kein Platz.

Heute findet sich in meinem Leben sowohl für mein Kind-Selbst wie auch für mein erwachsenes Selbst Platz. Ich gebe meinem Leben zusätzliche Spontaneität und Struktur, indem ich die Bedürfnisse meines Kind-Selbst und die Verantwortung meines erwachsenen Selbst in Balance halte. Meine Welt ist reich und erfüllt, und alle meine Gefühle gehören dazu.

Ich kann mir selbst sexuelles Vergnügen bereiten.

Ich kann mir selbst sexuelles Vergnügen bereiten. Denn ich liebe meinen Körper. Wenn ich weiß, wie ich mich selbst sexuell befriedigen kann, dann weiß ich auch, wie ich fühle, wenn ich richtig geliebt werde.

Als Kind und Jugendliche schämte ich mich wegen meiner sexuellen Bedürfnisse. Es war eine Sünde, wenn ich mich selbst berührte; irgend etwas stimmte ganz und gar nicht mit mir, wenn ich den Wunsch hatte, »so etwas« zu tun. Dieses Vergnügen war für immer aus meiner Reichweite gerückt. Mir wurde das Wissen um meinen eigenen Körper – und die Freude daran – verweigert.

Heute will ich mein Recht bejahen, daß ich mir selbst sexuelles Vergnügen bereiten darf. Ich will mich und meinen Körper bis in die feinsten Nuancen erforschen, um mich auch auf dieser erotischen Ebene kennenzulernen. Wenn ich mich selbst in dieser Hinsicht kenne, kann ich meine sexuellen Bedürfnisse ausdrücken und so leichter glückliche Liebesbeziehungen zu anderen aufbauen.

Ich bin für mein Glück verantwortlich.

Heute will ich die Verantwortung für mein Glück übernehmen, indem ich meinen Schmerz identifiziere und benenne.

Die unausgesprochenen Regeln in meiner Alkoholikerfamilie besagten: »Fühle nichts. Rede nicht.« Außer der Wut wurden keine Gefühle geäußert. Dies ermunterte mich dazu, meine Gefühle tief im Innern zu begraben und ihre Existenz zu leugnen. Selbst jetzt als Erwachsener fühle ich mich oft unglücklich, ohne zu wissen warum. Manchmal leide ich, und dieser messerscharfe emotionale Schmerz steigt in mir auf. Ich bin jedoch ganz verwirrt, und mir ist nicht klar, was es eigentlich ist.

Wenn heute aus den dunklen Winkeln meiner Seele Schmerz aufsteigt, will ich versuchen, ihn zu benennen. Ist es Angst? Ist es Sorge? Ist es Zorn? Was fühle ich?

Heute will ich ganz sanft die Dimensionen meines Schmerzes erkunden und ihn benennen. Und wenn ich ihn benenne, dann fühle ich die stille Freude des Wissens, daß ich einen wichtigen Schritt zur eigenen Verantwortung für mein Glück getan habe.

*Ich kann beharrlich sein,
ohne eigensinnig zu werden.*

Heute mache ich mir den Unterschied zwischen Eigensinn und Beharrlichkeit bewußt.

Als ich ein Kind war, hielt ich an meiner Laune fest, ganz gleich, wie töricht, egoistisch oder gefährlich sie war. Nicht willens oder fähig loszulassen, biß ich die Zähne zusammen und schwor, daran festzuhalten bis zum Tod, selbst wenn es meinen eigenen Tod bedeutet hätte.

Das Festhalten an etwas, weil ich zum Loslassen zu stolz bin, ist Eigensinn, der in eine Sackgasse führt. Halte ich an etwas fest, weil ich trotz aller Widrigkeiten und Hindernisse an meinen Erfolg glaube, dann ist das Beharrlichkeit. Ich kann ohne große Mühe die sinnlose, selbstzerstörerische Kraft des Eigensinns in die positive Kraft der Beharrlichkeit verwandeln. Ich muß nur mutig und ausdauernd sein, um die Schwierigkeiten, die das Leben mit sich bringt, bewältigen zu können.

Ich staune über mein Wachstum und meine Heilung.

Kinder sind ständig über ihr Wachstum erstaunt. Sie schauen auf die Schühchen, die sie als ganz kleines Kind anhatten, und fühlen sich plötzlich so groß und anders wie ein Dinosaurier. Sie schauen in ihre alten vergilbten Schulhefte der ersten Klasse und versuchen die Blockbuchstaben nachzumalen, aber ihre wendigen Finger schaffen es nicht mehr.

Mein inneres Kind wächst sprunghaft. Tatsächlich erkenne ich es manchmal von einem Tag auf den anderen nicht mehr, weil sein Wachstum so dramatisch und plötzlich geschieht.

In meinem Gesundungsprozeß habe ich gelernt, geduldig zu sein und mir Zeit zum Heilen zu lassen. Manchmal fällt mir meine Heiterkeit oder Losgelöstheit auf, und ich schüttle den Kopf wie ein Kind, das nicht glauben kann, daß es einst so ein winziges T-Shirt getragen hat. Heute will ich eine Bestandsaufnahme von meinem Wachstum machen und mit meinem inneren Kind darüber staunen, wie weit wir gekommen sind.

Allmählich lerne ich zu vertrauen und zu lieben.

Ich habe Angst, dich mich lieben zu lassen. Mein ganzes inneres Wesen schreit: »Bitte liebe mich nicht. Ich will nicht noch einmal verletzt werden!« Lieben bedeutet Verletzung. Liebe bedeutet Schmerz. Liebe bedeutet gebrochene Versprechen, Lügen und Sarkasmus.

Jedenfalls ist es das, was Liebe in der Familie bedeutete, aus der ich komme. Heute muß das nicht mehr so sein.

Katzen bleiben an der offenen Tür stehen, zucken mit dem Schwanz, spitzen die Ohren, ganz wach, und schätzen ab, wie sicher es jenseits dieser Tür ist. Dann verschwinden sie mit einem Satz durch die Tür. Genau so reagiere ich manchmal auf die Liebe.

Heute will ich mit Vorsicht an die Liebe herangehen; ich will nicht kopfüber in sie hineinstürzen. Nach und nach will ich mich jemandem, der es wert ist, öffnen, jemandem, dem ich mit einem kleinen Teil meiner selbst trauen kann. Ich will jemanden mich lieben lassen im Wissen, daß ich dieser Liebe würdig bin.

Heute werde ich ganz bewußt vor jedem Handeln erst einmal nachdenken.

Ich habe einen exzellenten Verstand. Heute entscheide ich mich dazu nachzudenken, statt kindisch zu handeln, um mein Ziel zu erreichen. Als Kind bekam ich, wenn ich nett, reizend und charmant war, eine Menge Aufmerksamkeit und Lob. Für das Nachdenken hingegen wurde ich nicht gelobt, denn meine in Abhängigkeiten verstrickten Eltern wollten das Denken für mich übernehmen. Ihnen war das charmante Gehabe lieber, weil es mich in der Rolle ihres reizenden kleinen Jungen hielt. So lernte ich, diese Rolle gut zu spielen.

Tatsächlich lernte ich sie so gut, daß ich heute als Erwachsener meinen Charme spielen lasse, um etwas zu erreichen. Aber innerlich empfinde ich ganz anders. Unter den Schichten meines Charmes fühle ich mich unzulänglich und schamlos.

Heute fühle ich eine Regung in mir, einen neuen Wunsch, zur Erreichung meiner Ziele meinen Verstand zu benutzen. Ich will meinem charmanten inneren Kind versichern, daß ich seinen Bedürfnissen auf andere Weise Rechnung tragen kann. Heute will ich nachdenken, statt meinen Charme spielen zu lassen, um das zu bekommen, was ich im Leben brauche.

Der frische Frühling läßt mein inneres Kind vor Leben sprühen.

Heute spüre ich, wie die stürmische, fruchtbare Lebensenergie im Innern pulsiert. Die grüne erstarkende Frühlingsenergie kreist in meinem Blutstrom. Jede Zelle meines Körpers bricht auf und weitet sich. Ich höre Musik in den Lauten der Straße. Meine Augen sind erfüllt vom Glanz der Farben des Lebens. Blumen rufen mich und fordern mich auf, mit ihnen die Herrlichkeit des Lebens zu feiern.

Ich möchte der Welt meine Freude durch Tanzen, Lachen und Singen kundtun. Mein inneres Kind befreit sich mit aller Macht, glücklich und lebendig zu sein. Ich heiße es mit offenen Armen willkommen. Heute werden wir zusammen im Rhythmus des Lebens tanzen.

Heute lehre ich mein inneres Kind etwas über Unterstützung.

Meine Eltern waren immer zu sehr damit beschäftigt, ihr eigenes chaotisches Leben zusammenzuhalten. Da ich mich in meiner Kindheit stets nur auf mich verlassen konnte, lernte ich, niemandem zu vertrauen. Es ist ein schwieriges und einsames Leben.

Heute will ich meinem inneren Kind vermitteln, was für ein angenehmes Gefühl es ist, sich auf andere zu stützen. Ich stehe aufrecht da, schließe die Augen und stelle mir vor, wie ich vom Sonnenlicht durchströmt werde. Meine Kiefernmuskeln lockern sich, mein Gesicht wird schlaff. Was für eine Erleichterung, diesen erstarrten Gesichtsausdruck abzulegen. Langsam entspannt sich mein Nacken, mein Kopf neigt sich nach vorn. Ich halte die Augen noch immer geschlossen und fühle, wie sich meine Schultern senken, mein Rückgrat entspannt. Ich fühle mich wie eine schlaffe Nudel. Meine Knie werden weich; ich muß mich hinsetzen oder gegen eine Wand lehnen. Ich entspanne mich vollkommen und weiß, daß ich nicht fallen werde. Ich habe Vertrauen in meine Stützen, die mich auffangen würden. Jetzt wissen mein inneres Kind und ich, was für ein Gefühl es ist, Freunde zu haben, die mir gerne helfen. Nun weiß ich, daß ich mich auf andere stützen kann.

Heute erschaffe ich mir eine neue Kindheit.

Wenn ich mir meine Kindheit hätte aussuchen können, dann hätte ich gewiß nicht die gewählt, die ich hatte. Ich habe mir erlaubt, den Verlust dessen zu betrauern, was mir rechtens zustand. Nun muß ich eine neue Richtung einschlagen, eine Richtung, die mich von der Vergangenheit wegführt.

Es ist Zeit für mich, mir eine neue Kindheit auszusuchen. Was hätte ich als Kind liebend gern getan? Tanzunterricht genommen? Wäre ich gerne in einen Freizeitpark gegangen und hätte mir Luftballons und Zuckerwatte gekauft? Hätte ich mir gerne die Tiere im Zoo angesehen? Wäre ich gerne mit dem Karussell gefahren? Alle diese Dinge, die ich so gerne erlebt hätte, können nun Bestandteil meiner Aktivitäten und Erinnerungen werden. Vielleicht lade ich auch einen Freund ein, dem es ebenfalls Spaß macht, wieder ein Kind zu sein und mit mir zu spielen.

Es ist an der Zeit, daß ich für mein inneres Kind glückliche Erinnerungen schaffe. Heute will ich wenigstens eine Sache tun, die Spaß macht und die mein inneres Kind nie tun durfte.

Heute lasse ich Dampf ab von meiner ungesunden Wut.

Heute will ich aufhören, die Wut als Mittel der Bestrafung und Kontrolle über andere zu benutzen. Die Wut, die ich über die Verluste und unverdienten Verletzungen in meiner Kindheit empfinde, ist angemessen. Doch auf meiner Reise zur Ganzheitlichkeit muß ich nun die Wut, die da in mir kocht und aus ungesunden Orten in mir hervorbricht, mir selbst zuschreiben. Manchmal empfinde ich diese Wut, wenn andere meine Bedürfnisse nicht erfüllen. Auf dem Weg zur Gesundung habe ich jedoch erkannt, daß ich selbst für die Erfüllung meiner Bedürfnisse verantwortlich bin.

Bei anderen Gelegenheiten setze ich diese Wut als Mittel der Bestrafung ein, als Peitsche, um meinen Willen durchzusetzen. Das Kind in mir reagiert so, wenn es sich in die Ecke gedrängt und ohnmächtig fühlt. Doch diese Wut verstößt gegen meine eigenen Verhaltensnormen.

Heute weiß ich, daß ich diese ungesunde Wut nicht mehr brauche. Weit davon entfernt, hilflos zu sein, weiß ich, daß ich durchsetzungsfähig bin.

Heute will ich meine unangemessene Wut hinter mir lassen und in ruhiger Zuversicht friedlich voranschreiten.

Mein inneres Kind ist frei zu wachsen,
und ich bin frei, mich zu heilen.

Ein jüdisches Sprichwort sagt: »In der Erinnerung liegt das Geheimnis der Erlösung.« Die Erinnerung ist ein Testament des Überlebens; nur Überlebende erinnern sich. Das Gedächtnis bietet also die Möglichkeit zur Heilung und Genesung.

Erinnerungen sind nicht so sehr schmerzlich, weil die Erfahrung schmerzhaft war, sondern weil deren Leugnung schmerzhaft war. Um die schmerzlichen Erfahrungen in der Zeit meines Aufwachsens zu überleben, leugnete ich meine Gefühle, Wahrnehmungen und meine Realität. Der größte Schmerz war der Verlust meiner selbst.

Wenn ich mich heute erinnere, leugne ich mich nicht mehr. Ich erlebe die Gefühle meines inneren Kindes, und mein inneres Kind ist frei, sich zu heilen.

Heute will ich meine Erinnerungen als Gelegenheiten zum inneren Wachstum willkommen heißen. Durch das Erinnern will ich über das reine Überleben hinaus eine wirkliche Genesung erreichen.

Heute soll mein inneres Kind die Dinge des Lebens erkunden.

»Nicht! Faß das nicht an! Komm nicht zu nahe! Nicht antasten!« Aus lauter Frustration beginnt das Kleinkind zu brüllen. Es möchte nur seinen gesunden Zorn darüber ausdrücken, daß es nicht tun darf, was es von seiner Natur her tun möchte. Ein Klaps, und dann wird es von einer schimpfenden Stimme angeherrscht, bis es aufhört.

Seine Welt ist faszinierend und einladend zugleich. Es möchte handeln, nicht denken. Was ist das für ein weiches, pelziges Wesen? Was ist das für ein glänzendes, hübsches Ding auf dem Tisch? Und was könnte hinter dieser Mauer oder weiter unten auf der Straße sein? Aber Zäune fangen es ringsum ab; verbale Zäune hochgezogener Augenbrauen, Holzzäune, Maschendrahtzäune.

Heute will ich das Kleinkind in mir die Dinge erkunden lassen. Ich will eine Blume betasten und den Laut hören, den sie macht, wenn sie abgepflückt wird; ich will etwas Neues essen, irgend etwas berühren, das mich schon lange gelockt hat. Ich will das Kind in mir nicht länger behindern, die Welt zu erforschen. Gleichzeitig werde ich klug sein und es vor Gefahren schützen, indem ich es ermuntere, nur das zu erforschen, was sicher ist.

Ich bin mir der Konsequenzen meines Handelns bewußt.

Ich bin mir nur allzu bewußt, wie sich das Handeln anderer Leute auf mich auswirkt. Aber wenn ich den Mut aufbringe, andere zu fragen, was für Gefühle mein Handeln bei ihnen auslöste, dann bin ich oft überrascht zu erfahren, daß Worte, die spaßhaft gemeint waren, verletzend, daß Handlungen, die ich für wohlüberlegt hielt, als eine Herabsetzung aufgefaßt wurden. Ich muß also meine Motive genauer untersuchen, und dem, was ich tue, mehr Aufmerksamkeit schenken.

Meine Worte und Taten wirken sich auf alle meine Mitmenschen aus. Ein in den Teich geworfener Stein sendet konzentrische Wellen aus, die immer größere Kreise ziehen und schließlich den ganzen Teich erfassen. Ganz ähnlich haben meine Taten Auswirkungen, die weit über meine Person hinausreichen. Heute will ich meine Aufmerksamkeit darauf richten, wie sich mein Handeln auf andere auswirkt.

Heute will ich mich um mich selbst kümmern.

Solange ich denken kann, habe ich mein Leben für andere gelebt. Im Bemühen, mein gefühlsmäßiges und körperliches Wohl zu schützen, war es äußerst wichtig, daß ich anderen gefällig war.

Als erwachsenes Kind lebte ich mein Leben für andere in dem Versuch, ihre Billigung und Liebe zu gewinnen. Ständig habe ich die Bedürfnisse und Vorlieben anderer über die meinen gestellt.

Jetzt weiß ich, daß ich selbst langsam emotional verhungere, wenn ich mein Leben ausschließlich führe, um anderen gefällig zu sein. Wie eine Sucht fordert meine sklavische Abhängigkeit von der Zustimmung anderer, daß ich mehr und mehr von mir selbst aufgebe und dafür immer weniger nehme.

Heute will ich anfangen, mich von meiner Sucht nach der Zustimmung anderer zu erholen. Ich will an erster Stelle meine eigenen Bedürfnisse, Wünsche und Vorlieben berücksichtigen. Heute will ich mich vor allem um mich selbst kümmern.

Heute stehe ich meinem inneren Kind zur Seite.

Mein inneres Kind hat Angst vor Rüpeln und Raufbolden. Und es scheint unfehlbar auf sie zu stoßen. Das Spiel kommt gerade in Schwung, und schon erscheint so ein Rüpel auf der Bildfläche und ruiniert es – schubst die Kinder herum, schreibt die Regeln vor, droht irgendeinen Lausbubenstreich zu verraten.

Als Kind habe ich meine Macht an solche Rüpel abgegeben, die immer soviel größer und stärker zu sein schienen. Ich tat es äußerst ungern, wußte aber nicht, was ich sonst hätte tun können. Ich hatte Angst.

Heute will ich meinem inneren Kind helfen, mit solchen Rüpeln umzugehen. Als Erwachsener kann ich sie durchschauen: Es sind traurige, unausgeglichene Kinder, die mit anderen Kindern spielen wollen, aber nicht wissen wie, wenn sie sie nicht herumschubsen können. Ich will meinem inneren Kind zur Seite stehen, gleich um welches Spiel es sich handelt, und ihm helfen, sich selbst zu verteidigen. Wir können das Verhalten von Rüpeln nicht ändern, aber wir können unsere Reaktion darauf verändern.

Ich weiß, daß ich erfolgreich sein kann.

Heute will ich meine Arbeit und meine Aufgaben mit den Augen eines Erwachsenen und nicht mit denen eines Kindes betrachten. Ich werde meinem rebellischen inneren Kind nicht erlauben, sich in die Arbeit einzumischen, die heute geleistet werden muß. Ich werde meinen inneren Jugendlichen anstacheln, wenn er zaudern und sich beklagen will. Ich werde mein inneres Kind beruhigen, das sich gegenüber den Verantwortlichkeiten eines Erwachsenen so hilflos fühlt.

Arbeite ich mit meinem inneren Kind, so heißt das nicht, daß das innere Kind die Führung übernehmen müßte. Es wäre lächerlich, von meinem inneren Dreizehnjährigen zu erwarten, daß er mich zur Arbeit fährt, eine Versammlung leitet oder Geschäftsverhandlungen führt. Es gibt Zeiten, in denen ich Verpflichtungen erfüllen und Termine einhalten muß. In diesen Zeiten verlasse ich mich auf die Weisheit eines Erwachsenen, die durch die Kreativität meines inneren Kindes ausbalanciert wird. Heute will ich mit dem Bewußtsein um diese Balance an neue Projekte herangehen. Wenn ich Hilfe brauche, bitte ich darum, ohne mich dafür zu schämen. Ich weiß, daß ich, da mein Erwachsenen-Selbst und mein Kind-Selbst in einem ausgewogenen Verhältnis zueinander stehen, erfolgreich sein kann.

Ich entscheide mich für das Jetzt.

Heute will ich in der Gegenwart leben und jeden kostbaren Moment genießen. Viel zu lange haben mich Schmerz und Scham der Vergangenheit verfolgt und die Angst vor der Zukunft begleitet. Den größten Teil meines Lebens habe ich mich mit meinem Kopf beschäftigt, abgeschnitten von den reichen Erfahrungen des Augenblicks.

Heute will ich diesen aus meiner Kindheit herrührenden Schmerz weder leugnen noch unterdrücken, aber ich werde auch nicht in ihm steckenbleiben. Ich will das verletzte Kind in mir trösten und danach streben, die Bitterkeit, die mich meines Lebens beraubt, hinter mir zu lassen.

Heute will ich auch der Versuchung widerstehen, in meinen ausgeklügelten Plänen und Sorgen über die Zukunft zu leben. Ich will mein inneres Kind von der Notwendigkeit entlasten, sich Gedanken über die Zukunft zu machen, um Gefahren zu vermeiden. In meiner Kindheit konnte ich mich nicht entspannen und sie genießen, aber das, was mir das Leben in meinem Erwachsenendasein zu bieten hat, will ich nicht versäumen.

Heute will ich alles mit Freude annehmen, was mir dieser Tag zu geben hat.

*Ich habe den Mut,
die Hand nach dem Leben auszustrecken.*

Der Löwe, der feige war, wünschte sich Mut. Seine Ängste machten ihn bewegungsunfähig und ließen ihn nicht das Leben führen, das er sich zutiefst wünschte. Nachdem er seinen Ängsten ins Auge geblickt hatte und trotzdem zur Tat geschritten war, lernte er die wahre Bedeutung von Mut kennen.

Wie viele Male bekommt ein Kleinkind einen Klaps auf die Hand, bevor es aufhört, sie nach der Welt auszustrecken? Da ich nicht die elterliche Fürsorge erhielt, die ich als Kleinkind brauchte, habe ich nun Schwierigkeiten zu entscheiden, was ich als Erwachsene will. Und wenn ich unentschlossen bin, fühle ich mich oft entmutigt.

Die Art von Leben, nach der ich mich zutiefst sehne, liegt in meiner Reichweite. Die Wahl der Richtung meines Lebens verlangt Mut. Ich muß willens sein, meinen Überzeugungen entsprechend zu handeln.

Heute will ich in mir die Stärke suchen, die ich brauche, um meinem Leben eine neue Richtung zu geben. Wie der Löwe, der feige war, erkenne ich, daß der Mut, nach dem ich mich sehne, in mir selbst zu finden ist.

Ich strebe nach Ausgewogenheit in Beziehungen.

Ich strebe nach Ausgewogenheit in meinen Beziehungen. Ich empfange Freundschaft und Liebe und gebe Freundschaft und Liebe. Ich stürze mich nicht in Beziehungen, bedürftig und fordernd, noch mehr verlangend, als ich aufnehmen kann oder jemand imstande ist, mir zu geben. Ich kann mich meines inneren Kindes annehmen, das so lange vernachlässigt wurde und Liebe entbehren mußte.

Ich habe nicht mehr das Bedürfnis, mich um jeden Preis an eine Beziehung zu klammern. Ich werde mich nicht krummlegen, nur damit da jemand, irgend jemand, in meinem Leben ist. Ich werde weiter existieren, auch wenn ich loslasse.

Heute will ich in der Wahl meiner Freunde und intimen Partner behutsam oder doch voller Zuversicht sein. Ich löse mich von meiner Abhängigkeit und vertraue darauf, daß mich die Weisheit meines Herzens in die richtige Richtung führt, zu einer ausgewogenen, harmonischen Beziehung des Gebens und Nehmens.

Ich wandle Neid in Selbstbewußtsein um.

Heute will ich Neidgefühle als einen wertvollen Hinweis betrachten, der mir erlaubt, meine wahren Bedürfnisse aufzudecken. Ich setze Vertrauen in die Fähigkeit, mir meine Wünsche zu erfüllen.

Geschwisterrivalität ist eine Tatsache des Lebens. Ein jüngeres Kind beneidet vielleicht sein älteres Geschwister um seine Leistungen und Fähigkeiten. Ein älteres Kind ist vielleicht neidisch auf die Aufmerksamkeit, die ein Neugeborenes erhält. In einer gesunden Familie erkennen die Eltern die Tatsache an, daß alle Kinder der Fürsorge bedürfen und Leistungen vollbringen können. Eine kluge Mutter oder ein kluger Vater sehen über den Neid hinweg und helfen dem Kind, die dem Neid zugrundeliegenden Bedürfnisse selbst zu erkennen.

Mein inneres Kind bekam keine Hilfe, um seine einschneidende Erfahrung von Geschwisterrivalität zu verarbeiten. Als Erwachsene auf dem Weg zur Genesung erlaube ich mir jetzt, ohne Scham oder Schuldgefühl Neidgefühle zu haben. Ich verwandle meinen Neid in ein erhöhtes Bewußtsein von meinen Bedürfnissen und Wünschen. Ich entscheide mich zu positiven Aktionen, um mein Wachstum zu fördern.

Ich mache einen neuen Anfang, mein Leben in Frieden zu leben.

Letzte Nacht klopfte mir das Herz, und mein Verstand raste. Ich war erschöpft, aber schien mich nicht entspannen zu können. Ich wachte voll nervöser Spannungen wieder auf, hellwach. Szenen von Gefahren und Katastrophen durchliefen wie in einer endlosen Spirale mein müdes Gehirn.

Ich weiß, daß ich mich aus diesem Kreislauf von »Kampf und Flucht« befreien muß. Seit meiner Kindheit stecke ich in seinem eisernen Griff. Damals war die Gefahr sehr real, aber heute ist sie das nicht mehr in jedem Fall. Ich weiß, daß ich, wenn ich meinen Körper und Geist nicht dazu trainiere, sich zu entspannen, bald ausgebrannt sein werde.

Heute nacht will ich diesen Kreislauf durchbrechen, indem ich mich ganz bewußt dazu entscheide, meine Spannung abzubauen. Ich will meine Ängste und Sorgen benennen, vor allem die, über die ich keine Kontrolle habe, und sie visualisiert meiner höheren Macht übergeben.

Und während meine höhere Macht sie von mir nimmt, erwärmt ein Gefühl des Wohlbefindens jeden Zentimeter meines Körpers. Heute will ich damit beginnen, mein Leben in neuem Frieden zu leben.

Ich bin bereit, in die Welt hinauszugehen.

Mein inneres Kind ist stark und selbstbewußt und steht in Kontakt mit seinen Gedanken und Gefühlen. Es kann für sich selbst denken und eigene Entscheidungen treffen. Ich bin stolz auf seine Fähigkeiten, und es selber ist es auch. Es ist bereit, in die Welt hinauszugehen, und ich bin bereit, es gehen zu lassen.

Heute will ich es fest umarmen, ihm einen Kuß geben und zusehen, wie es zu seiner Reise durch das Leben aufbricht. Ich habe ein gutes Gefühl, weil ich weiß, daß es sich immer um Trost und Rat an mich wenden wird. Mein inneres Kind hat ein gutes Gefühl, weil es weiß, daß ich immer für es da bin, wenn es Ruhe, Ermunterung oder eine Umarmung braucht. Wir lieben einander bedingungslos.

Ich denke an mein inneres Kind, während ich mich um meine Kinder kümmere.

Heute will ich die Bedürfnisse meiner Kinder erfüllen, indem ich mich um mein inneres Kind kümmere.

Im besten Fall bedeutet Elternschaft harte Arbeit. Manchmal fühle ich mich zwischen den Bedürfnissen meiner Familie und denen meines inneren Kindes hin- und hergerissen. Meine Erfahrungen als Kind brachten mich zu einer verzerrten Einstellung, die mich jetzt in meiner Elternschaft belastet.

In meinem zerrütteten Elternhaus gab es nicht genug Liebe, Zeit oder Energie, um meine Bedürfnisse zu erfüllen. In ihrer eigenen unerfüllten Bedürftigkeit erwarteten meine Eltern von mir, daß ich mich um sie kümmerte. So lernte ich, meine Bedürfnisse zu leugnen, um meinen Eltern gefällig zu sein. Folglich habe auch ich viele Bedürfnisse, die nie erfüllt wurden.

Als erwachsenes Kind auf dem Weg zur Gesundung lernte ich heilsame Fähigkeiten, die man im Leben braucht. Ich akzeptiere die Verantwortung für meine eigenen Bedürfnisse und bin so besser imstande, die Bedürfnisse meiner Kinder zu erfüllen. Durch mein Beispiel kann ich meine Kinder das lehren, was sie wissen müssen, um ein gesundes glückliches Leben zu führen.

Heute öffne ich meine Augen für alle meine Vorlieben.

Mein Wissen über mich selbst ist eng verbunden mit einer Geschichte des Wissens um das, was ich mag und nicht mag. Meine Vorlieben bei der Arbeit entstammen den Erfahrungen in verschiedenen Jobs. Meine Vorlieben beim Spielen rühren von guten und schlechten Erlebnissen her. Meine Vorlieben bei Beziehungen kommen daher, daß ich für viele verschiedene Arten von Menschen aufgeschlossen bin.

Gesunde Kinder spielen Spiele, in denen sie so tun als ob, und probieren neue Verhaltensweisen aus. Durch das Spiel finden Kinder heraus, wer sie sind.

In meiner Alkoholikerfamilie mußte ich zu früh erwachsen werden; Spiel wurden nicht toleriert. Als Erwachsene bin ich immer noch darum bemüht, herauszufinden, wer ich bin und was ich wirklich will. Es ist nicht zu spät, mich selbst zu finden.

Mich selbst kennenzulernen, dauert mein ganzes Leben lang. Und wenn ich meine Augen für alle meine Vorlieben und Erfahrungen öffne, wird mir das helfen, mich selbst besser zu kennen. Und kenne ich mich selbst, dann treffe ich in Zukunft noch bessere Entscheidungen.

Heute will ich mich vom Trotz verabschieden.

Als Teenager entwickelte ich die Angewohnheit, zu meinen Eltern, Lehrern und allen, die irgendwie nach Status quo rochen, grundsätzlich nein zu sagen. Ich glaubte, mein aggressives Verhalten stelle mein unabhängiges Denken unter Beweis. Ich war stolz darauf, meinen eigenen tapferen Weg in der Welt zu gehen, ganz gleich, wie schwer er auch war.

Mit den Jahren forderte meine unnachgiebige Widerborstigkeit einen hohen Preis. Da ich nicht willens war, konstruktive Kritik und gutgemeinte Vorschläge anzunehmen, habe ich meiner Karriere und meinen Beziehungen Schaden zugefügt. Kollegen und Freunde halten sich von mir fern. Meine Angst vor dem Nachgeben hat mich zum Außenseiter gemacht – ein kaltes und einsames Leben.

Ich will nicht mehr der einsame Held sein, der gegen die ganze Welt kämpft. Heute will ich andere bitten, mich an ihren Ideen und Wünschen teilhaben zu lassen. Ich will zuhören und mit Respekt darauf reagieren. Ich freue mich darüber, daß ich tapfere Gefährten auf meiner Reise habe.

Heute will ich mich mit meiner inneren Leere konfrontieren.

Das Alleinsein flößte mir schon immer Angst ein. Was, wenn ich die Person, die ich bin, nicht mag? Was, wenn mich meine Einsamkeit überwältigt und ich zusammenbreche? Jetzt wird mir klar, daß ich meinem Gefühl von Einsamkeit nicht ausweichen kann. Ich habe vielleicht versucht, durch Beziehungen, Sex und Geschäftigkeit dieser Angst zu entkommen. Aber all das hat mich nur erschöpft, beschämt und noch leerer zurückgelassen. Heute will ich bewußt einige Zeit mit mir allein verbringen. Ich möchte lernen, *mit* mir zu sein.

Ich will die innere Stimme zur Ruhe bringen, die mich vor meiner Leere warnt. Es ist die Stimme meines geheiligten inneren Kindes, das schon vor langer Zeit verlassen wurde. Ich will dieses Kind mit beruhigenden Worten trösten: »Ich will bei dir sein – ich werde dich nie wieder verlassen.«

Heute will ich damit beginnen, mich der dunklen Leere in mir zu stellen, und eine helle Fackel des Mutes und des Vertrauens tragen. Mein Partner auf dieser Reise ist meine höhere Macht, die jeden Schritt auf diesem Weg bei mir ist.

Heute ist der Tag meiner Wiedergeburt.

Ich habe nie den Satz verstanden: »Handle deinem Alter entsprechend.« Vielleicht deshalb nicht, weil ich meine Kindheit sehr früh aufgegeben habe. Es ging nicht anders, als daß ich in meiner Familie schon mit sechs Jahren für meine bedürftigen Eltern in emotionaler Hinsicht verantwortlich war. Um zu überleben, mußte ich alles Kindliche beiseite schieben.

Nun bin ich ein Erwachsener mit viel Verantwortung. Ich bin ein ernsthafter Mensch, arbeite hart und bin *sehr* verantwortungsbewußt – doch mein Leben fühlt sich leer an. Aus schierer Notwendigkeit habe ich schon vor langer Zeit alles Leben in meinem inneren Kind erstickt.

Heute will ich mein inneres Kind wieder beleben. Ich weiß, daß es nie zu spät ist. Ich werde damit beginnen, daß ich mit ihm spreche. Wie fühlt es sich? Was braucht es? Vielleicht hat es das Bedürfnis, zu spielen oder sich in einer anderen Form auszudrücken. Vor allem aber braucht es mich, damit ich es liebe und umsorge.

Heute ist der Tag, an dem ich dieses kostbare innere Kind wieder zum Leben erwecke. Ich will diesen Tag als den Tag meiner Wiedergeburt im Kalender vermerken.

Meine körperlichen Bedürfnisse sind wichtig.

Ich wuchs in einer von Alkohol beherrschten Umwelt auf und mußte soviel emotionale Energie darauf verwenden, mich um andere zu kümmern, daß ich meine eigenen physischen Bedürfnisse vernachlässigte. Daß ich mich um meinen Körper kümmerte, war weniger wichtig, als daß ich anderen half zurechtzukommen. Da niemand da war, der sich meiner annahm, lernte ich auch nicht, mich selbst gut um mich zu kümmern.

Heute ist der Tag der Bestandsaufnahme. Ich will meine körperlichen Bedürfnisse überprüfen und dabei daran denken, daß es nicht egoistisch ist, wenn ich mich um mich selbst kümmere. Nehme ich vom Nährwert her ausgewogene Mahlzeiten zu mir? Trinke ich genug Wasser? Betreibe ich regelmäßig Ausgleichssport? Bekomme ich genug Schlaf? Nehme ich mir genug Zeit für ärztliche und zahnärztliche Vorsorgeuntersuchungen? Ich will mir ehrliche Antworten geben.

Heute will ich Dinge tun, die meinem Körper zugute kommen.

Heute will ich auf sanfte Weise meine Grenzen ausdehnen.

Heute will ich meine Muskeln anspannen und meine Grenzen ein klein bißchen weiter als gestern ausdehnen. Ich akzeptiere, daß ein wenig Schmerz ganz normal zum Wachstum gehört und heiße ihn willkommen. Gleichzeitig werde ich auf stärkeren Schmerz achten und aufhören, mich weiter anzutreiben.

Als Kind lernte ich nie, mich durch schwierige Situationen durchzuarbeiten. Ich hörte mit dem Klavierspielen auf, wenn zu viele Höhen und Tiefen kamen, ich hörte mit der Mathematik auf, wenn ich eine Gleichung nicht verstand, und ich hörte auf, bergauf zu radeln, wenn mir meine Beine weh taten. »Wenn's zu schwierig wird, hör auf«, lautete mein Motto.

Heutzutage fürchte ich mich nicht mehr vor dem Schmerz, der mit Wachstum einhergeht. Ich begrüße ihn und weiß, ich werde mich durch ihn hindurcharbeiten und zur nächsten Wachstumsstufe gelangen.

Ich will selbst meinen Erfolg bestimmen und ihn feiern.

In meinem Elternhaus lernte ich nie, vernünftige Ziele zu setzen und zu erreichen. Ich hatte das Gefühl, nie genug tun zu können. Ganz gleich, wie gut ich war, ich konnte meinen Erfolg nie feiern.

Auf dem Weg zur Gesundung messe ich nun meinen Erfolg an kleinen Gewinnen und Wachstumsschritten. Ich erkenne jede positive Aktion in Zielrichtung an und lerne dabei, meine Arbeit in übersichtlichere Schritte aufzuteilen. So mache ich entspannt und zuversichtlich Fortschritte und freue mich am Gang der Dinge, ohne mir Sorgen um das Endresultat zu machen.

Heute will ich mich für jede positive Aktion loben, die ich unternehme, um mein Ziel zu erreichen. Ich will selbst meinen Erfolg bestimmen und ihn feiern.

Heute will ich meinen Wünschen folgen und meine Interessen würdigen.

Vielleicht bin ich in einer Familie aufgewachsen, die nur klassische Musik hörte und die Beatles für eine vorübergehende Modeerscheinung hielt. Je schneller sie vorüber war, desto besser. Vielleicht haben meine Eltern nur die Sportseiten und den Kummerkasten der Zeitung gelesen und hielten mich für hochnäsig, wenn ich ein Geschichtsbuch las. Irgend etwas stimmte an meinem Geschmack und meinen Vorlieben nicht. Ich vergeudete meine Zeit, indem ich zu weit in die Ferne oder zu sehr in die Tiefe ging.

Heute kann ich lesen, was ich will – einen Liebesroman oder ein wissenschaftliches Magazin oder beides. Ich kann Opern- oder Country-Musik oder beides hören. Ich kann Tennis spielen oder sticken oder einfach nur dasitzen und aus dem Fenster schauen. Heute schätze ich meine Interessen, da sie die Person, die ich jetzt bin, widerspiegeln.

Morgen ändere ich vielleicht meinen Geschmack; ich gehe neuen Interessen nach oder entdecke alte Lieben. Heute folge ich meinen Wünschen, ganz gleich, um welche es sich handelt.

Ich besiege meine Angst,
indem ich die Nähe anderer zulasse.

Als Kind entdeckte ich, daß meinen Eltern nicht zu trauen war. Die Menschen, die mir in meinem Leben am meisten Sicherheit hätten geben sollen, mißhandelten und manipulierten mich. In meinem zerrütteten Elternhaus war es überlebenswichtig, daß ich andere auf Abstand hielt, und deshalb umgab ich mich mit einer Mauer.

Dann wurden die Mauern, die mich einst schützten, zu einer uneinnehmbaren Festung, die die Menschen ausschließt, an denen mir am meisten liegt. Manchmal baue ich Mauern der Wut auf, um andere zu vertreiben. Ein andermal ziehe ich mich in eine schwarze Wolke von Depressionen zurück, um andere nicht an mich heranzulassen. Doch ein Teil von mir fühlt sich leer und sehnt sich nach emotionaler und körperlicher Nähe.

Heute will ich damit beginnen, die Mauern meiner Festung einzureißen, und mich bemühen, andere auf angemessene Weise mir nahekommen zu lassen. Ich will dem Kind in mir versichern, daß es sich allmählich entspannen kann, denn ich will es lieben und mich um es kümmern, so wie ich anderen erlaube, mich zu lieben und sich um mich zu kümmern.

Ich schaffe aus meinem Chaos Ordnung.

Ich schätze die Kunst des freien Lebens. Jeder Tag wird zu einem Kunstwerk, das ich durch Spontaneität, Flexibilität und Gestaltung erschaffe.

Es ist wichtig, daß ich meinem Leben eine Struktur verleihe. Für mein Wachstum brauche ich eine solide Grundlage. Meine suchtabhängige Familie lieferte mir keine beständigen Richtlinien, die mir hätten helfen können, mich in dieser Welt sicher zu fühlen. Die Regeln änderten sich dauernd, Versprechen wurden gebrochen, und es gab nichts, worauf ich mich hätte verlassen können. Ohne eine Ordnung, einen Orientierungsrahmen in meinem Leben kann ich mich nicht sicher fühlen. So wie ein Kind sich nicht frei und spontan auf einer zerbrochenen Kletterstange bewegen kann.

Heute will ich mein inneres Kind beruhigen, indem ich das Leben begreifbarer gestalte. Sollte ich mehr Orientierungshilfen in meinem Leben brauchen, so werde ich mir von einem vertrauenswürdigen Freund oder Mentor Rat einholen. Vielleicht nehme ich an Seminaren mit einem Aufbauprogramm, an einer Therapie oder an einem Studienprogramm teil. Ich bin entschlossen, das Chaos in meinem Leben in Ordnung zu verwandeln.

Heute will ich mir und meinen Gefühlen treu bleiben.

Heute bleibe ich mir und meinen Gefühlen treu. Ich handle nach ethischen Gesichtspunkten, weil nur dann mein wahres Selbst widergespiegelt wird.

Meine Genesung ist eine ethische Reaktion auf die Ungerechtigkeit, in zerrütteten Familienverhältnissen aufgewachsen zu sein. Zwar will ich meinen Eltern nicht ihre Unvollkommenheit und persönlichen Probleme vorwerfen, aber ich sehe doch eine Art Ungerechtigkeit in der Tatsache, daß sie nicht imstande waren, ordentlich für mich zu sorgen und mir eine gute Erziehung zukommen zu lassen.

Als Erwachsener übernehme ich die Verantwortung, für mein inneres Kind wieder Gerechtigkeit herzustellen. Ich trete entschieden für meine Rechte und die Rechte anderer ein.

Meine Ethik entspringt keinem Pflichtgefühl, sondern meiner innersten Überzeugung. Habe ich erst mein authentisches Selbst wiedergewonnen, werde ich es nicht mehr aufgeben.

Heute will ich mir und meinen Gefühlen treu bleiben.

Ich schütze mich selbst durch heilsame Grenzen.

Ein kleines Kind drängt und drückt gegen eine Barriere und versucht sie wegzuschieben. Es geht zurück und rennt und stürmt gegen sie an, doch sie bewegt sich nicht. Noch ein paar Versuche, und dann spielt es mit etwas anderem, zufrieden, daß die Barriere unverrückbar ist. Es kann sich auf seinen Spielplatz verlassen.

In meinem zerrütteten Elternhaus verschoben sich die Grenzen dauernd. Manchmal ging ich bis an die Grenzen, nur um festzustellen, daß sie verschwunden waren. Folglich wußte ich gar nicht um die Existenz von Schranken und Grenzen, daß es so etwas für mich geben konnte.

Auf dem Weg zur Gesundung lerne ich, daß es in Ordnung ist, wenn ich Grenzen um mich ziehe. Ich kann sie mir aussuchen und auf ihnen bestehen. Das heißt, ich kann aus einer Situation aussteigen, wenn sich jemand schändlich benimmt, oder ich kann mich verweigern, wenn ich anderer Meinung bin. Heute will ich anfangen, auf Grenzen zu bestehen, die mein Umfeld sicher und verläßlicher machen.

Ich pflege mein Baby-Selbst mit Liebe.

Ich respektiere mein Baby-Selbst als Person. Ich respektiere seine Verletzlichkeit. Ich schütze es und lasse ihm gleichzeitig allmählich Freiraum, damit es selbst seine Stärken entwikkeln kann. Dieses Baby gleicht keinem anderen Baby. Ich respektiere und bewundere seine Einzigartigkeit.

Ich blicke in seine Augen, und es blickt in die meinen. Auf diese Weise nähren wir einander mit Liebe. Ich höre darauf, wann und wie es schreit, denn das ist seine einzige Kommunikationsmöglichkeit. Dann versorge ich es mit Nahrung und Wärme, umarme es oder lasse ihm Freiheit, je nachdem, was es braucht.

Zusammen beginnen wir ein neues Leben.

Ich will vergeben,
indem ich alle Verurteilung aufgebe.

Heute will ich mich dazu entschließen, all jenen zu vergeben, die mich verletzt haben, nicht um ihretwillen, sondern um meinetwillen. Ich war schon früher bestrebt, meinen Peinigern zu vergeben, aber in mir steigt immer wieder Bitterkeit auf wie Müll vom Grund eines verseuchten Sees. Es ist an der Zeit, daß ich mich von den Giften reinige, die mein Leben verpestet haben. Ich weiß, daß die Feinde aus meiner Vergangenheit weiterhin als ungeladene Gäste in meiner Erinnerung fortleben werden, wenn ich meine Verbitterung über die schmerzliche Rolle, die sie in meinem Leben spielten, nicht loswerden kann. Jedes Wiederabspielen alter Szenen hält meine Wunden offen und ungeheilt.

Heute will ich den Feinden aus meiner Vergangenheit aufrichtig vergeben, indem ich meinen Drang nach Verurteilung aufgebe. Ich will visualisieren, wie ich jene, die mir Leid zugefügt haben, aus meinem Gerichtshof entlasse und sie der Gerichtsbarkeit Gottes unterstelle. Schließlich ist Gott besser imstande, Gerechtigkeit walten zu lassen, als ich. Mein Geist wird hell, da das emotionale Gepäck, das ich so lange mitgeschleppt habe, nun von mir abfällt. Jetzt, da ich die freilasse, die ich so lange gefangengehalten habe, sehe ich, daß in Wirklichkeit ich der Gefangene war.

Ich erkenne meine Angst vor dem Verlassenwerden.

Als Kind wurde ich von meinen Eltern auf emotionaler Ebene verlassen. Sie waren kalt und launisch und mit sich selbst beschäftigt. Nur sehr selten legten sie ein liebevolles Verhalten an den Tag, und dann war immer ein Haken dabei.

Nun, da ich eine Erwachsene bin, fühle ich in Beziehungen noch immer dieselbe Angst in der Magengrube. Das innere Kind zuckt noch immer bei dem Gedanken zusammen, es könnte möglicherweise auf emotionaler Ebene verlassen werden. Ein Wort, ein Ton in der Stimme oder eine Geste – oder ihr Ausbleiben – können mich zu einem Verhalten bringen, das, wie ich glaube, einen Freund oder Geliebten davon abhält, mich zu verlassen. Doch mein unehrliches Verhalten dient nur dazu, die Botschaft der Scham zu verstärken, die besagt, daß ich als die Person, die ich bin, nie für jemand anderen akzeptabel sein werde. Schließlich sind meine Rollenspielchen und Gefälligkeitsbemühungen nichts anderes als Versuche, andere zu kontrollieren und sie davon abzuhalten, mich zu verlassen.

Heute will ich meiner Angst vor dem Verlassenwerden nicht nachgeben. Ich will voller Zuversicht ich selbst sein im Wissen, wieviel ich in eine Beziehung einzubringen habe.

Heute will ich gesunde Entscheidungen treffen.

Als Kind wurde ich von den Ereignissen meiner Umgebung beherrscht. Ich hatte keine andere Wahl, als mich zufälligen Terminplänen, gebrochenen Versprechen und Unzuverlässigkeit zu fügen. Als Erwachsene arten meine Versuche, Entscheidungen zu treffen, bisweilen in einen wahren Zirkus aus, und ich bin verwirrt.

Die Dinge, die ich auf meinem Weg zur Genesung gelernt habe, werden mir jetzt eine Hilfe sein. Die Konzepte helfen mir, verwirrende Ereignisse rational zu betrachten und einzuschätzen. Wenn die Entscheidungen anderer mit den meinen in Widerspruch stehen, muß mich das nicht aus der Bahn werfen. Mein erwachsenes Selbst kann mein aufgeregtes inneres Kind beruhigen.

Ich kann eine neue Wahl treffen. Ich kann immer noch einige meiner Ziele erreichen, wenn auch andere Pläne durchkreuzt werden mögen. Mein Leben wird nicht länger von den Ereignissen beherrscht. Ich kontrolliere mein Leben nicht mehr mit geballter Faust. Ich weiß, daß ich, wenn ich loslasse, weiterhin wachsen werde.

Ich lasse mir soviel Schlaf, wie ich brauche.

Der Wachstumsprozeß ist eine harte Arbeit. Hart für den Körper, den Geist und die Emotionen. Ich habe das Gefühl, eine Woche lang Schlaf nachholen zu müssen, aber es ist soviel zu tun. Also trinke ich Kaffee, um wach zu bleiben, und mache weiter. Ich bin erschöpft.

Liebevoll und verantwortungsbewußt, wie ich als Mutter und Vater bin, weiß ich, daß mein inneres Kind jeden Tag für sein Wachstum und seine Entwicklung sehr viel Ruhe braucht. Deshalb sorge ich dafür, daß es rechtzeitig ins Bett kommt und daß sein Bett ein Ort der Behaglichkeit und Erholung ist. Ich sage ihm, daß es völlig in Ordnung ist, sich den Schlaf zu gönnen, den es braucht. Ich helfe ihm, ins Bett zu klettern und sich warm unter die Decke zu kuscheln. Ich wache an seinem Bett, während es in den Schlaf sinkt. Es schläft, bis ihm sein Körper signalisiert, daß es Zeit zum Aufwachen ist, und es wacht erfrischt auf, bereit für einen neuen Tag.

Ich kann meine Ängste besänftigen.

Manchmal setzt sich mein inneres Kind mitten in der Nacht kerzengerade auf, voller Schrecken, und kann nicht mehr einschlafen. Jedes Geräusch macht ihm Angst. Überwältigende Sorgen, so scheint es, erfüllen den Raum. Wenn das geschieht, weiß ich, was ich tun muß.

Zunächst sorge ich dafür, daß es von einer weichen Wärme umgeben ist – vielleicht mit Kuscheltieren oder einem großen Kissen, das es umarmen kann. Dann lindere ich die Panik in seinem Körper mit warmer Milch oder heißer Schokolade. Wenn es sich dann beruhigt hat, können wir miteinander sprechen. »Ich weiß, daß dich irgend etwas bekümmert«, sage ich, »und es ist so wichtig, daß es dich nachts wach hält. Aber wir können am Morgen darüber sprechen, sehen, was nicht stimmt, und Wege finden, um das Problem zu lösen. Jetzt aber ist es wichtig, daß du einschläfst und dich für den morgigen Tag ausruhst. Das ist jetzt die Zeit, in der du dich entspannen sollst.«

Wir legen uns zusammen hin, kuscheln uns in die Kissen und Decken, schließen die Augen und sinken in den Schlaf.

Ich akzeptiere die Übergänge in meinem Leben.

Heute will ich mein zwanghaftes Bedürfnis aufgeben, alles Ungelöste in meinem Leben sofort lösen zu wollen. Ich will geduldig sein und darauf vertrauen, daß das Endresultat, wie immer es auch ausfallen mag, meinem besten Interesse dient. Ich überlebte in meiner zerrütteten Familie, weil ich Gefahren im voraus erahnen und Schritte unternehmen konnte, um sie zu vermeiden. Als Erwachsene werde ich heute nervös und besorgt, wenn ich den Ausgang einer Situation nicht voraussagen kann.

Doch das Leben ist nicht immer schwarz und weiß. Viele Probleme fallen in eine graue Zone, wo sie nicht sofort gelöst werden können und wie lose Fäden unordentlich herumhängen. Ich weiß, mein nächster Schritt im Rahmen meines Wachstumsprozesses beinhaltet, daß ich in der grauen Zone zu leben lerne.

Ich will meine Forderung aufgeben, daß es in all meinen Lebenssituationen immer sofort eine Lösung geben muß. Selbst wenn ich den Ausgang einer Situation nicht voraussagen kann, will ich doch darauf vertrauen, daß alles gut wird. Heute will ich sorgenfrei mit den Übergängen leben.

Meine Gedanken und Gefühle gehören mir.

Ich stehe zu meinen Gedanken und Gefühlen. Niemand kann mir vorschreiben, was ich wann zu denken und zu fühlen habe. Ich muß nicht herausfinden, was andere fühlen und denken, damit ich weiß, was ich fühlen oder denken »sollte«.

Als Kind wurde mir oft gesagt, daß meine Gefühle in dieser oder jener Situation unangemessen seien. Ich sollte nicht wütend darüber sein, daß meine Schwester ein Geschenk bekam und ich nicht; ich sollte mich freuen, da sie doch Geburtstag hatte. Ich sollte Onkel Jim nicht hassen; ich sollte ihn lieben, weil er doch mein Onkel war. Mein Vertrauen in die Gültigkeit meiner Gedanken und Gefühle wurde schon frühzeitig untergraben.

Jetzt bin ich erwachsen. Ich weiß, daß ich das Recht auf meine eigenen Gedanken und Gefühle habe. Sie können gut, schlecht, gemein, verabscheuungswürdig, verletzend, wunderbar oder nebensächlich sein. Was immer sie auch sind, sie gehören mir.

Ich übernehme die volle Verantwortung für mein Leben.

Ein Schoner segelt durch die rauhe See, pflügt durch die Wellen. Der Kapitän steht am Steuerruder und klammert sich fest an die hölzernen Speichen. Einer seiner Männer gibt die Richtung an, aber hauptsächlich segelt er nach seiner Intuition.

Als Kind hatte ich das Gefühl, mich auf einem von einer stürmischen See herumgeworfenen Schiff zu befinden, weil meine Eltern, die Kapitäne der Familie, ihren Posten verlassen hatten. Jetzt als Erwachsener auf dem Wege zur Genesung ist mein Leben immer noch eine Reise – aber eine Reise der Entdeckung. Ich entdecke meine Motive, so daß ich klare Lebensentscheidungen treffen und meinen Schoner auf seiner Reise sicher steuern kann. Für mein inneres Kind ist es ein Trost, daß ich zu einem erfahrenen Navigator geworden bin. Alle meine Entdeckungen helfen mir, die volle Verantwortung für mein Leben zu übernehmen.

Wie der Kapitän, der seinen Posten nicht verläßt, wenn sein Schoner in rauhe See gerät, will auch ich mich selbst nicht verlassen, wenn die See des Lebens über mich hereinbricht und mich zu überwältigen droht.

Ich bin in Kontakt mit meiner spirituellen Quelle.

Als Kind war mir die Religion keine Zuflucht; sie war eine Falle, der ich entkommen wollte. Ich bekam Klaustrophobie, wenn ich in diesen Gottesdiensten ausharren mußte. Ich fühlte mich bedrückt, nicht erhoben. Meine Eltern nannten sich religiös, aber ihr Benehmen war heuchlerisch und beschämend. Die Religion schien mit mir und meinem Leben nichts zu tun zu haben. Und ich wollte nichts mit ihr zu tun haben.

Jetzt habe ich das Bedürfnis, mit meinem spirituellen Zentrum in Berührung zu kommen. Meine Spiritualität existiert unabhängig von der institutionalisierten Religion meiner Kindheit, doch ich kann sie, wenn ich will, zur Unterstützung und Stärkung meiner religiösen Grundlage heranziehen. Ich stelle mir meine Spiritualität als tiefliegenden Quell in mir vor. Ich kann in diesen Quell so oft eintauchen, wie ich mag, denn er versiegt nie. Sein Wasser erfrischt und beruhigt mich.

Heute will ich voller Freude aus diesem unendlichen Quell der Liebe trinken.

Ich kann loslassen.

In diesem Moment will ich all die Verletzungen und Schmerzen, an denen ich seit meiner Kindheit festgehalten habe, loslassen. Diese Bürde des Leids wiegt zu schwer, zehrt an der Stärke und Energie, die ich brauche, um mich zu verändern und zu wachsen.

Heute will ich meine Bürde fallenlassen. Ich bin überrascht, wie leicht ich mich fühle. Ganz automatisch stehe ich aufrechter, kann ich sehr viel weiter sehen als zuvor. Da sie nun nichts mehr festhalten müssen, können meine Hände neue Möglichkeiten erkunden. Ich schwelge in meiner neu gefundenen Bewegungsfreiheit. Meine Hände lassen los und sind nun frei, nach dem Leben zu greifen.

Ich applaudiere meiner Tapferkeit.

Mein inneres Kind ist tapfer und wagemutig. Ich bin der Held oder die Heldin großer Abenteuer, während mich ein Genesungsprozeß auf neuen Pfaden in neue Länder führt.

Als Kind entzückten mich die Märchen, in denen tapfere Männer und Frauen mit Drachen kämpften und böse Zauberer überlisteten. Als ich älter wurde, suchte ich mir Rollenvorbilder im Sport, in Wissenschaft und Religion.

Ich stellte mir vor, wie ich als brillanter Wissenschaftler, furchtloser Forscher, begabter Musiker Auszeichnungen entgegennahm. Mein inneres Kind lebte jede Phantasie als eine Geschichte aus, die wahr werden konnte.

Auf dem Weg zur Gesundung habe ich die Phantasien meines inneren Kindes ausgelebt. Ich habe mit Drachen der Abhängigkeit und Gespenstern der Verzweiflung gekämpft. Ich habe den Lohn aufregender Entdeckungen und eines gesunden Lebens geerntet. Heute will ich meiner Tapferkeit und meinem Wagemut applaudieren, und ich will auf dem Weg zur Genesung furchtlos Abenteuer suchen.

Ich gehöre zur Natur
und lebe in der Ordnung der Natur.

Kinder fangen schon sehr früh an, etwas über Unterschiede zu lernen, und eine ihrer ersten Lehrerinnen ist die Natur. Durch Vergleiche finden sie ihren Platz in der natürlichen Ordnung. Sie lernen, daß sie Macht über ihr Handeln haben, aber daß sie keine Macht über andere Menschen, die Sonne, die Sterne oder Gott haben. Mein inneres Kind braucht Informationen, um allmählich Unterscheidungen treffen zu können. In meiner zerrütteten Familie erfuhr ich keine Fakten über meinen Körper und die Welt der Natur. Die Natur pflanzt sich fort, aber in meinem Elternhaus war Sex ein mit Scham besetztes Geheimnis. Alle Lebewesen sterben, aber der Tod eines Menschen war für meine Eltern eine überwältigende und nicht zu lösende Erfahrung.

Heute will ich meine Umwelt beobachten. Ich sehe den Blättern im Sonnenlicht zu. Vielleicht finde ich ein Buch über die Aspekte der Natur, die mich am meisten interessieren. Heute will ich die Tatsache anerkennen, daß ich der Welt angehöre und Teil der Natur bin.

Ich lasse mir selbst und meinem inneren Kind Zeit zu wachsen.

Ein Vogel beginnt seine Reise ins Leben als Embryo, der sicher in seiner Schale geborgen ist. Dort in der Dunkelheit hat er all die Nahrung, die Wärme und den Schutz, den er zu seiner Entwicklung braucht. Von außen gesehen scheint nichts zu passieren. Doch wenn es bis zum richtigen Zeitpunkt in Ruhe gelassen wird, pickt das Küken voller Zuversicht die Schale auf und kommt ans Licht, bereit für das Leben.

Wie ein Vogel brauche auch ich meine Zeit, um mich zu entwickeln. Auch ich kann mich in eine schützende Schale der Wärme und Nahrung hüllen, meinen Bedürfnissen nachkommen und mir all die Zeit nehmen, die ich brauche. Für andere mag es nicht so aussehen, als ob sich viel ereignete, und auch ich werde vielleicht ungeduldig. Trotzdem will ich auf die stille Weisheit meiner inneren Stimme achten. Dann, wenn ich weiß, daß ich bereit bin, werde ich voller Zuversicht meine Schale zerbrechen und ans Licht kommen.

Heute sprudelt mein inneres Kind über.

Schaumbadblasen ... Kaugummiblasen ... Seifenblasen ... Luftbläschen. Heute sprudelt mein inneres Kind über.

Gefühle müssen nicht immer tief und intensiv sein. Als Erwachsene auf dem Weg zur Gesundung lerne ich eine ganze Skala an Gefühlen kennen. Das Glücksgefühl kann mächtig und überschwenglich oder auch nur eine sanfte Freude sein. Es kann so leicht und frivol wie perlende Luftbläschen sein.

In meiner Kindheit lastete eine Schwere über meiner Familie wie eine ewige dunkle Wolke. Niemand sprach dieses Gefühl aus oder verband es mit irgendeinem Ereignis. Ich erlebte Gefühle als etwas Vages und Allgemeines und dachte, sie würden ewig dauern.

Heute will ich mich an zarten Empfindungen erfreuen. Regenbogenfarben schimmern. Sekt kitzelt meine Nase. Durchsichtige Ballons steigen auf und schweben dahin. Ich fühle mich leicht und luftig und erhebe mich über meine Ängste und Sorgen.

Ich kann mich klar verständlich machen.

In mir ist ein dreijähriges Kind, das nie lernte, Worte zu gebrauchen, weil ihnen nie jemand zuzuhören schien. Wenn es etwas wollte, mußte es wimmern oder weinen oder stöhnen, bis schließlich jemand aufmerksam wurde. Jetzt fühle ich mich verletzt, wenn andere meine Absichten mißdeuten oder auf mich wütend werden, weil ich aufgeregt und frustriert bin.

Wenn ich mich mißverstanden fühle, will ich mich von meiner Frustration nicht paralysieren lassen. Ich will innehalten und mich mit meinem inneren dreijährigen Kind verständigen. Ich will langsam sprechen und es mit klaren Worten, die es verstehen kann, besänftigen. Es muß nicht wimmern oder weinen oder stöhnen, um meine Aufmerksamkeit auf sich zu lenken. Heute will ich diesem Kind zuhören und mit Freude beobachten, wie es zu einer denkenden Person wird.

Heute will ich der Initiator sein.

Siehst du das kleine Kind da hinten, da hinter dem Baum? Das bin ich. Ich fürchte mich hervorzukommen, ich fürchte mich, Ball zu spielen, ich fürchte mich, überhaupt mit irgend etwas den Anfang zu machen.

»Mach du nicht den Anfang mit irgendwas!« kommen warnende Stimmen. »Du könntest dir weh tun. Man könnte dich ablehnen.« Und so will ich gar keinen Versuch mehr unternehmen.

Heute ist der Tag, all das zu verändern. Heute ist der Tag, an dem ich initiieren kann, was immer ich will. Ich kann um das bitten, was mein inneres Kind will. Ich kann den Anfang machen. Es ist ein gutes Gefühl, den Anfang zu machen. Meine Seele strahlt neue Energie und Licht aus.

Heute will ich mich nicht fürchten, etwas zu initiieren, das ich schon seit langem ausprobieren wollte. Ich muß mich nicht mehr hinter einem Baum verstecken.

*Heute will ich meinen Drang,
andere zu verurteilen, aufgeben.*

In meiner zerrütteten Familie mußte ich immer recht haben. Auf diese Weise schützte ich mich vor unfairen und unnötigen Anschuldigungen. Selbst Urteile zu fällen war eine gute Angriffsmethode. Meine Gefühle der Unzulänglichkeit und des Selbsthasses verbarg ich vor mir.

Als Kind hätte ich diese Gefühle nicht überlebt. Jetzt weiß ich, daß ich anderen gleichsam eine Decke über den Kopf stülpe, wenn ich sie verurteile. Ich sehe nur meine eigene Decke und nie, wer vor mir steht. Meine Verurteilung bewirkt nichts weiter, als daß ich sie ins »Unrecht« setze, damit ich mich im »Recht« fühlen kann.

Heute will ich diesen Drang, andere zu verurteilen, aufgeben. Ich muß nicht mehr andere ins Unrecht setzen, nur damit ich mein Selbstwertgefühl aufbauen kann. Ich will meine rigide Wahrnehmungsweise von anderen Menschen lockern – im Wissen, daß sie das Recht haben, die zu sein, die sie sind. Wie ich tun auch sie ihr Bestmögliches.

Heute ziehe ich mich vom Schuldzuweisungsspiel zurück.

Heute trenne ich mich ganz offiziell vom Schuldzuweisungspiel. Ich habe dieses Spiel mein ganzes Leben lang gespielt, und es wurde geradezu zur Besessenheit.

Das Schuldzuweisungsspiel war der liebste Zeitvertreib in meiner suchtabhängigen Familie. Jedem Fehler folgte sofort eine emotional aufgeladene Auseinandersetzung darüber, wer Schuld hatte. Oft wurde mir die Schuld gegeben, aber bald lernte ich, genauso rasch anderen die Schuld zuzuschieben. In meinem Erwachsenendasein wurde dieses Spiel schließlich zur Besessenheit. Manchmal schiebe ich anderen die Schuld zu und werde dann vor Wut und Bitterkeit gewissermaßen aufgefressen. Oder aber ich gebe mir selbst die Schuld und verstricke mich in einen Kreislauf von Schuld- und Schamgefühl. Beide Reaktionen ziehen die Energie von der Aufgabe ab, das Problem wirklich zu lösen und sich wieder dem Leben zuzuwenden.

Wenn heute mein inneres Kind aus einer Verletztheit oder aus Angst heraus reagiert, will ich sanft die Zügel in die Hand nehmen und mir alle Gedanken an Schuld aus dem Kopf schlagen. Ich will sie durch friedvolle und tolerante Gedanken ersetzen und so sowohl mich als auch andere vor der Zerstörung bewahren, die das Schuldzuweisungsspiel anrichtet.

Ich kann mit meinem inneren Kind spielen.

Heute will ich mich an meiner Fähigkeit erfreuen, mit meinem inneren Kind zu spielen. Mein inneres Kind liebt und braucht das Spiel. Sein Spiel ist seine Arbeit. So lernt es, wie man in der Welt lebt. Wir genießen es, zusammen zu spielen – erforschen, entdecken, experimentieren, haben Spaß miteinander. Ich bediene mich meiner Imagination, aber diktiere nicht die Regeln. Ich erlaube meinem Kind, das Spiel zu erfinden, und lasse mich von ihm zum Spielen anleiten.

Als ich ein Kind war, gab es immer jemanden, der mir sagte, wann, was und wie ich spielen sollte. Die Spiele, die ich mochte, waren immer schlecht oder falsch oder dumm. Irgend jemand versuchte immer, mir einen besseren Weg zu zeigen. Es war so frustrierend! Ich hatte nie die Freiheit zu erleben, wie es ist, wenn man Spaß hat.

Heute will ich die heilende Kraft des Spiels willkommen heißen, während ich mich und mein inneres Kind mit Energie auflade. Ich will daran denken, daß ich, wenn ich mein inneres Kind achte, in Kontakt mit den Qualitäten der Spontaneität, Flexibilität und Freude bin.

Es ist in Ordnung,
wenn ich auf mich selbst gestellt bin.

Heute verstehe ich, daß es ganz in Ordnung ist, wenn ich auf mich selbst gestellt bin. Ich fühle mich mit mir wohl und bin mir ein guter Gefährte. Ich mache mir nicht länger Sorgen, ob ich klug oder gut oder mächtig genug bin, um in der Welt zu bestehen. Ich bin all das und mehr.

Es fiel mir schwer, von zu Hause wegzugehen. Ich hatte nie die Unterstützung, die ich brauchte, um erwachsen zu werden. Meine Eltern schienen mein Bedürfnis nach Unabhängigkeit stets zu untergraben: »Bist du sicher, daß du weißt, was du tust? Da draußen wirst du es nie allein schaffen.« Und obwohl ich schließlich doch von zu Hause fortging, hatte ich Angst und fühlte mich verletzlich und unfähig, selbst für mich zu sorgen.

Heute will ich meinem inneren Kind sagen: »Es ist Zeit. Ich bin stolz auf dich, daß du dich aufmachst und auf dich selbst gestellt sein willst. Du hast die Fähigkeiten, die du zum Überleben brauchst, und Freunde, auf deren Unterstützung du zählen kannst. Und du weißt, daß ich immer für dich da bin.«

Ich schaffe in mir ein Zentrum der Stabilität und Zufriedenheit.

Heute will ich einen weiteren Schritt für meine Gesundheit tun. Ich will mich meiner emotionalen Bedürfnisse annehmen, statt mich auf die Bedürfnisse anderer zu konzentrieren.

Als Kind wurde mir beigebracht, daß meine emotionalen Bedürfnisse belanglos seien. Ich wuchs ohne ein klares Gefühl für das auf, was mich glücklich oder unglücklich machte. Auf dem Weg zu meiner Genesung habe ich gelernt, mich vor den negativen Gefühlen anderer zu schützen. Ich bin nicht mehr der Mülleimer für das Unglück anderer. Jetzt muß ich auch lernen, mich meines Gefühlslebens anzunehmen, und es kultivieren.

Heute will ich ohne Rücksicht auf die Menschen in meiner Umgebung über dem zarten inneren Muster meiner Gefühle wachen. Wird dieses Vorhaben von außen oder kritischen Stimmen im Innern bedroht, will ich sie zur Kenntnis nehmen und durch Affirmationen den Frieden wiederherstellen. Heute will ich in mir ein Zentrum der inneren Stabilität schaffen.

Heute will ich mich der Wärme und Freude öffnen.

Die Sommersonne wärmt das Gras, während Vögel zwischen den Zweigen herumhüpfen und durch die Luft segeln. In eine leichte Decke eingehüllt, saugt ein Baby die Sonnenstrahlen in sich auf. Ein Anflug von Lächeln verzaubert das Gesicht. Die Sonnenstrahlen liebkosen und beruhigen es wie die sanften Hände einer Mutter. Die Sonne ist seine Nahrung.

Als ich ein Baby war, hatten meine Eltern wenig Zeit und Energie, mich zu umsorgen. Instinktiv fühlte ich, daß mir etwas Wesentliches abging. Statt mich auf das zu konzentrieren, was meine Eltern versäumten, kann ich diese leeren inneren Orte heilen, indem ich mein bedürftiges inneres Kind selbst versorge. Heute lasse ich mich durch die Sonne verwöhnen, indem ich mir ein bißchen Zeit nehme, um mich im Freien aufzuhalten. Jede Aktivität ist hier gut: Ich kann im Garten arbeiten, einen langen Spaziergang machen, still auf einer Decke liegen, Fahrrad fahren oder Golf spielen. Ich will die Sonnenwärme auf meiner Haut spüren. Mein Körper entspannt sich, während die Sonnenstrahlen alle Spannungen wie wegschmelzen. Ohne große Mühe empfange ich von der Natur Energie. Mein inneres Kind fühlt sich umsorgt, während ich mich der Wärme und Freude öffne.

*Ich habe auch heute noch Bedürfnisse,
und die will ich ernst nehmen.*

Aus vollen Lungen und ohne sich zu genieren brüllt ein kleines Kind und will damit unverblümt sagen: »Mein Bauch tut weh! Bitte füll ihn mit etwas Warmem, was mich besänftigt.«

»Nimm mich in den Arm«, ruft ein kleiner Junge unter Tränen. »Halte mich, schaukle mich, hab' mich lieb.«

Unsere tiefsten Bedürfnisse melden sich auch noch lautstark, wenn wir bereits erwachsen sind. Auch wir müssen erfüllt, berührt, geliebt und geschaukelt werden. Unser inneres Kind ruft die Menschen unserer Umgebung an, damit sie sich unserer annehmen und unser Bedürfnis nach Umsorgung befriedigen. Voller Scham habe ich meine Bedürfnisse versteckt und lasse sie nicht laut werden.

Heute will ich mich diesen Bedürfnissen widmen. Vielleicht nehme ich ein wohlig warmes Schaumbad, lasse mich von einem Freund in den Arm nehmen oder genieße eine besonders gute Tasse Tee bei sanfter Musik.

Ich trage die Verantwortung für meine Welt.

Als Kind hatte ich keine Macht. Niemand hörte mich, wenn ich etwas sagte. Meine Stimme war zu schwach und unsicher, um sich durchsetzen zu können. Und obwohl ich jetzt erwachsen bin, habe ich manchmal das Gefühl, daß ich nicht die Macht habe, Veränderungen zu bewirken.

Als Kind trug ich nicht die Verantwortung für meine Welt, aber jetzt kann ich sie zumindest für meine innere Welt übernehmen. Mit der Macht meiner Imagination kann ich in meine Kindheit zurückkehren und die noch immer eiternden Wunden heilen.

Im Geiste nehme ich mein inneres Kind an der Hand und betrachte die Verletzungen aus der Vergangenheit. Ich stehe meinem inneren Kind bei und bin ihm eine starke Stütze. Wenn jemand diesem Kind etwas zuleide tut, trete ich selbstsicher für es ein. Ich übernehme die Verantwortung für mich und mein Kind, indem ich mit meiner eigenen Geschichte Frieden schließe.

Heute habe ich die Kraft und die Macht, in mir positive Veränderungen zu bewirken. Das ist Genesung.

Meine eigene Geschichte gibt meinem Überleben Bedeutung.

Ich bin die Geschichtenerzählerin, weil ich überlebt habe. Auf dem Weg zur Gesundung erzähle ich die Geschichte meiner Vergangenheit vom Standpunkt einer Überlebenden aus, nicht aus der Sicht eines Opfers.

In den Familien werden Geschichten weitergegeben, um eine Verbindung zwischen den Generationen herzustellen. Diese Geschichten sollen uns etwas über unsere Familie und wie wir als Baby waren erzählen. In Familien, die nicht in Ordnung sind, werden diese Geschichten unter Umständen verzerrt oder gar nicht erzählt, um Familiengeheimnisse zu wahren. So war es auch in meiner Familie, und ich konnte nur Vermutungen über die Wahrheit anstellen.

Auf dem Weg zur Genesung erzähle ich meine Geschichte Menschen, denen ich vertraue; und durch dieses Erzählen erhält mein Leben eine besondere Bedeutung. Ich höre den Geschichten anderer Überlebender zu, und gemeinsam stellen wir Zusammenhänge her, die uns als Überlebende miteinander verbinden. Meine Geschichte gibt meinem Überleben Bedeutung.

Ich bin stolz auf meinen Körper.

Am Strand sehe ich Kinder aller Altersstufen. Ein Kleinkind schaufelt Sand in einen Eimer; ein Achtjähriger hüpft und planscht im Wasser herum.

Dann beobachte ich Gruppen von Mädchen und Jungen im Teenageralter, die den Strand entlangstolzieren, und jeder Körper verkündet: »Ich bin eine Frau« oder »Ich bin ein Mann.« Sie bewegen sich, als trügen sie neue Kleider – sorgsam darauf bedacht, nicht eine einzige Falte zu werfen, ein bißchen unsicher, aber zweifellos stolz.

Als ich ein Teenager war, rief der Reifeprozeß meines Körpers bei mir gemischte Gefühle hervor. Den einen Tag wollte ich sexy und welterfahren sein, den andern meinen Körper vergessen und wie ein achtjähriges Kind spielen. Ich verwechselte körperliche Reife mit sexueller Reife. Ich empfand meine Geschlechtszugehörigkeit als Last.

Heute stehe ich zu meinem Körper und meiner Sexualität. Ich kann zwischen meinem Bedürfnis nach körperlicher Berührung und dem nach sexuellem Ausdruck unterscheiden. Ich bin auf meinen Körper stolz und erfülle meine physischen und sexuellen Bedürfnisse auf verantwortliche Weise.

Ich schaffe für meine Kinder ein gesundes Zuhause.

In meiner Kindheit gab es überall Geheimnisse. Türen schlossen sich, wenn ich vorbeikam. Unterhaltungen wurden mitten im Satz abgebrochen, sobald ich ins Zimmer trat. Ich war sicher, daß alle über mich redeten. Ganz klar, mit mir mußte etwas nicht stimmen. Mein Schamgefühl wurde zu meinem Geheimnis.

Heute will ich keine Geheimnisse mehr haben. In meinem Geiste will ich alle Türen und Fenster im Haus meiner Kindheit weit öffnen und frische Luft hereinlassen.

Jetzt, da sie sich nicht mehr hinter verschlossenen Türen verstecken können, sind die Stimmen der Vergangenheit deutlich zu hören. Die Menschen sprechen nicht über mich, sie sind nur mit sich und ihren eigenen Problemen beschäftigt. Jetzt kann ich endlich die Scham, die so lange mein Leben vergiftet hat, ablegen. Die Probleme meiner Eltern sind ihre Sache, nicht die meinen.

Gereinigt kann ich ein gesundes Zuhause schaffen, in dem es keine Geheimnisse gibt. In dieser Umgebung können meine Kinder und ich gedeihen.

Ich integriere meine Rollen
zu einer einzigen Identität.

Ich spiele viele Rollen. Im Laufe eines Tages bin ich unter Umständen Arbeiter, Freund, Liebhaber.

Auf dem Weg zu meiner Gesundung habe ich gelernt, diese Rollen zur richtigen Zeit und am richtigen Ort zu spielen. Ich integriere alle meine Rollen und finde zu meiner Identität. Ich bin offen, neue Rollen zu erkunden.

Angemessenes Verhalten und Zeitplanung habe ich nicht in meiner Familie gelernt. Meine Möglichkeiten waren begrenzt, da ich mich um meine Eltern kümmern mußte, die sich sehr gestört verhielten. Die Starrheit in meiner Familie hielt mich davon ab, neue Seinsweisen auszuprobieren. Das Chaos lieferte mir keine Richtschnur, die ich zur Entwicklung meiner Identität gebraucht hätte.

Heute gibt mir mein sich entwickelndes Selbstwertgefühl die Grundlage für einen flexiblen und ausgeglichenen Austausch mit anderen. Mein inneres Kind freut sich, wenn ich meine Persönlichkeit in ihrer Vielfältigkeit durchleuchte.

Ich nehme mein Wesen in seiner Gesamtheit an.

Auf dem Weg zur Genesung bekräftige ich mein Recht, zu einer ganzheitlichen Person zu werden – emotional, spirituell, mental und physisch. Ich nehme mein Wesen in seiner Gesamtheit an, und dies schließt auch eine Bestätigung meines inneren Kindes mit ein.

Es ist meine Aufgabe, das Potential meines gesamten Wesens aufzuschöpfen. Das kann ich nicht erreichen, wenn ich mich in Einzelteile aufsplittere.

Meine Persönlichkeit wächst in ihrer Gesamtheit, wenn irgendein Teil von mir wächst. Wenn ich bestimmte Gefühle zum Ausdruck bringe, drücke ich damit auch meine Spiritualität aus. Wenn sich meine Spiritualität vertieft, spiegelt sich dies in seiner Wirkung in meinem ganzen Selbst wider. Denke ich klar, so hat das auf mein ganzes Wesen einen Einfluß, und kümmere ich mich um meinen Körper, so kommt das Geist und Seele zugute.

Mein inneres Kind wurzelt im Wissen um meine Ganzheit. Heute will ich sicher sein, daß meine Gesundung mein Wesen in seiner Gesamtheit umfaßt.

Ich feiere meine Unabhängigkeit wie durch die Pracht eines Feuerwerks.

Heute verkünde ich meine Unabhängigkeit mit der Lautstärke von Knallfröschen. Ich bin stark, ich bin kompetent, ich bin frei. Meine positiven Botschaften bringen den Himmel zum Erheben, sie bereiten den Weg zu neuem Wachstum.

Meine Ziele sind himmelstürmend wie Leuchtraketen. Ich löse mich in meinen Werten und Entscheidungen von denen meiner Eltern und setze damit die Grenzen meiner Freiheit neu. Ich steige weiter und höher auf als je zuvor, und meine Träume erleuchten den Himmel. Meine Fähigkeiten und Talente entfalten sich wie ein feuerspeiender Vulkan, und meine Leistungen entladen sich in einer zischenden farbigen Kaskade. Ich höre das Oooh und Aaah der Zuschauer und nehme den wohlverdienten Applaus entgegen.

Heute feiere ich meine Unabhängigkeit, indem ich den Himmel in einem Feuerwerk positiver Botschaften, hochfliegender Träume und großartiger Leistungen aufleuchten lasse.

Heute will ich meine Gefühle durch gesunde Reflexe schützen.

Reflexe schützen den Körper. Ein Niesen hilft, Staub und andere Reizpartikel aus der Nase zu entfernen. Schüttelfrost wärmt den Körper durch rasche Muskelbewegungen. Reflexe unterstehen nicht unserer bewußten Kontrolle.

Auf dem Weg zur Gesundung entwickle ich emotionale Reflexe, die mich schützen. Wenn in einem Gespräch herabsetzende Bemerkungen gemacht werden, spüre ich mein Unbehagen und reagiere darauf. Ich wechsle vielleicht das Thema oder beende die Unterhaltung.

Ich achte auf mein Gefühl von Entrücktheit oder geistiger Leere, das eintritt, sobald es um bestimmte Familienmitglieder geht. Ich distanziere mich von dem ungesunden Verhalten in meinem zerrütteten Elternhaus.

Heute will ich meine Gefühle durch gesunde Reflexe schützen und durch positive Aktionen meine innere Harmonie wiederherstellen.

Ich kann die ganze Geschichte erzählen.

Heute will ich meinem inneren Kind erlauben, seine ganze Geschichte zu erzählen. Es muß nichts zurückhalten. Es kann seine Wut äußern, ohne befürchten zu müssen, daß es jemandem weh tut oder von anderen verletzt wird.

In meinem Elternhaus wurde nie die ganze Geschichte erzählt. Wir bekamen nur die Ausschnitte zu hören, die wir hören durften. So wurde ich sehr geschickt darin, Informationslücken zu überbrücken und auf Zwischentöne zu achten. Oft konnte ich die Wahrheit auf der Grundlage dessen erkennen, was *nicht* gesagt wurde.

Meine Eltern behaupteten, mich zu schützen. Sie redeten sich heraus. Es sei nur zu meinem Besten. Es ginge mich nichts an. Ihre Geheimniskrämerei und Unehrlichkeit machten mich wütend und vermittelten mir ein Gefühl von Ohnmacht.

Heute will ich mich in Differenziertheit und Offenheit üben. Spreche ich mit einer Person, der ich vertraue, kann ich offen reden und meine Gefühle und Gedanken frei äußern. Spreche ich mit einer fremden Person, schütze ich mich und sage nur, was ich ihr meinem Gefühl nach gefahrlos mitteilen kann.

Heute lasse ich mich von der Sinnlichkeit meines inneren Kindes führen.

In mir lebt ein Kind, das nie die Gelegenheit hatte, herumzukrabbeln und herumzulaufen, um seine Welt zu erforschen. Zu viele Regeln und Einschränkungen hielten es an der kurzen Leine. Es sehnte sich danach, frei herumstreifen und selbst Entdeckungen machen zu können. Heute will ich mein inneres Kleinkind befreien und es selbst seine Welt erforschen lassen.

Hier ist ein Buch. Ich weiß, dieses Buch ist zum Lesen da, aber das Kleinkind weiß es nicht. Es läßt es auf den Boden fallen. Plumps! Oh, ist das schwer! Was ist es? Ich kann es aufschlagen. Oh, es riecht nach Staub. Meine Finger durchblättern die Seiten, und das Kind ist vom Rascheln der Blätter fasziniert.

Ich sorge dafür, daß mein Kleinkind in einer sicheren Welt auf Erkundungsreise gehen kann. Es soll sich selbst ein Urteil bilden, auf seine eigene Weise und in seinem eigenen Tempo seine Welt kennenlernen können. Wenn ich mir solche Erkundungsreisen erlaube, dann lerne ich dabei die klaffenden Löcher meiner kaputten Kindheit zu füllen. Heute nehme ich die Welt über meine Sinne wahr und lasse mich von meinem sinnlichen inneren Kind führen.

Durch Vertrauen in meine Wahrnehmung stärke ich meinen Realitätssinn.

Mein inneres Kind ist auf Widersprüche geeicht. Es spürt sogleich die Diskrepanz, wenn Worte und Gefühle einer Person im Widerspruch zueinander stehen. In meinem Elternhaus gab es eine Menge solcher Diskrepanzen, und mit der Zeit lernte ich, meiner eigenen Wahrnehmung zu mißtrauen.

Jetzt, da ich erwachsen bin, äußert sich mein mangelndes Vertrauen in meinem Realitätssinn zuweilen darin, daß ich unsensible Forderungen am Arbeitsplatz oder in meinen Beziehungen nicht in Frage stelle. »Mir liegt an dir, aber ich bin zu beschäftigt, um dir zuzuhören«, ist ein Widerspruch, den ich bei meinem Freund entdecke, wenn er nur selten zuläßt, daß ich über meine Gefühle spreche. Auf dem Weg zur Genesung achte ich nun auf die unguten Empfindungen, die solche Widersprüche in mir hervorrufen. Ich höre auf mein inneres Kind, das diese Diskrepanz bemerkt, und entscheide mich für ein aktives Vorgehen. Vielleicht stelle ich Fragen, oder ich ziehe klare Grenzen, oder ich beende gar die Beziehung.

Heute will ich meiner Wahrnehmung vertrauen und mich von ihr in meinem Handeln leiten lassen.

Mein inneres Kind inspiriert mich zur Konzentration auf das Wesentliche.

Wenn die Welt in der Vielfalt der Ereignisse mich zu überwältigen droht, leitet mich mein inneres Kind in meiner Konzentrationsfähigkeit an. Ich denke daran, wie Kinder sich auf ein winziges Detail konzentrieren und sich in einen Gegenstand vertiefen können. Sie blenden Lärm und Ablenkungen aus und konzentrieren sich nur auf ihre innere Stimme.

Sind sie fertig, kehren sie erfrischt in die geschäftige Welt zurück, zu neuen Abenteuern bereit. Mein inneres Kind ist weise und weiß intuitiv, daß selbst das kleinste Detail oder der einfachste Gegenstand zu meinem wachsenden Selbstwertgefühl beitragen kann.

Heute folge ich dem Drängen meines inneren Kindes. Ich konzentriere mich mit allen meinen Sinnen auf einen Gegenstand oder ein Detail – eine Farbe, eine Backsteinmauer oder eine Topfpflanze. Ich zwinge mich nicht, aufmerksam zu sein oder zu verstehen. Ich beobachte nur in entspannter Konzentration.

Mein inneres Kind führt mich zu neuen Erfahrungen und einem neuen Selbst.

Ich kann neue Wahlen treffen und andere Dinge erleben.

Heute will ich damit beginnen, meine Vergangenheit zu verabschieden. Als Kind, das in zerrütteten Familienverhältnissen aufwuchs, mußte ich mich an ständige Veränderungen und ewiges Chaos gewöhnen. Ich kam mit ungeheurer Angst von der Schule nach Hause, weil ich nie wußte, was für eine Situation mich erwartete. So versuchte ich, die Umstände und Menschen so gut wie möglich unter Kontrolle zu bringen. Es vermittelte mir ein Gefühl von Sicherheit, wenn ich mich an das Vertraute klammerte. Es machte mir zuviel Angst, mich Neuem und Unvertrautem zuzuwenden.

Heute will ich von dem Vertrauten lassen und etwas Neues erleben. Ich will in einem unbekannten Restaurant essen, mit einem neuen Freund Tennis spielen, ein neues Rezept ausprobieren oder ganz einfach einen anderen Weg nach Hause gehen.

Heute will ich damit beginnen, allmählich von meiner Vergangenheit zu lassen. Ich will meine Wahlmöglichkeiten erweitern und neue Risiken eingehen.

Ich kann meine Schutzwälle aufgeben.

Als Kind fühlte ich mich verletzlich und ungeschützt. Das Leben hatte für mich etwas Erschreckendes, und ich konnte ohne Vorwarnung oder Grund jederzeit angegriffen werden.

Stein um Stein baute ich eine eisige Burg um mich auf, damit mir niemand weh tun konnte. In ihr wuchs ich auf, zwar vor Leid geschützt, doch von der Wärme abgeschnitten. Als Erwachsener blieb ich, kalt und isoliert, in der eisigen Burg des Kindes gefangen und verteidigte mich gegen einen Feind, den es schon längst nicht mehr gab. Jetzt auf dem Weg der Genesung weiß ich, daß ich diesen Schutz nicht mehr brauche. Ich kann mich um mich selbst kümmern.

Heute will ich meine Schutzwälle aufgeben. Ich kann die Mauern langsam abbauen, bis sie ganz verschwunden sind und ich in der Wärme des ersten Frühlingstages stehe. Das heilende Sonnenlicht beginnt seine magischen Kräfte zu entfalten, und voller Vertrauen mache ich mich auf in den neuen Tag.

Ich kann mich ohne Schuldgefühle entspannen.

Manchmal habe ich das Gefühl, die Kontrolle verloren zu haben und unbarmherzig in einem endlosen Kreislauf von Aktivitäten umhergetrieben zu werden. Wenn das geschieht, habe ich das Gefühl, wie ein verzweifeltes kleines Mädchen von Zimmer zu Zimmer zu rennen und nach jemandem zu suchen, der es in den Arm nimmt.

Doch wann immer ich mein Tempo verlangsame und die Dinge lockerer nehmen möchte, höre ich kritische Stimmen aus meiner Kindheit, die mich beschimpfen: »Faulpelz!« Ich weiß, daß ich noch immer versuche, ein unsichtbares Publikum zufriedenzustellen, wenn ich mich von diesen inneren Stimmen antreiben lasse.

Heute abend will ich mich ohne Schuldgefühle entspannen. Ich will mich in meinem bequemsten Sessel zurücklehnen und genußvoll meine Lieblingsmusik hören oder vor einem stimmungsvollen Kaminfeuer tagträumen. Morgen will ich in der Sonne sitzen, nichts tun und alle meine Verspannungen sich in Nichts auflösen lassen. Ich will mir von jetzt ab immer mal einen Tag Entspannung gönnen – als wichtigen Schritt zur Genesung.

Heute lebe ich meine Sexualität.

Meine Sexualität ist Teil meiner Lebenskraft. Sie ist ein faszinierender Ausdruck meines Menschseins. Ich habe als ein sexuelles Wesen an allen Aspekten des Lebens teil. Meine Sexualität ist zwar etwas Eigenständiges, aber sie ist mit meiner Spiritualität, meinen Gefühlen, meinen Handlungen und meinen Gedanken verbunden. Ich drücke meine Lebendigkeit und Einzigartigkeit durch meine Sexualität aus.

Als erwachsenes Kind hatte ich Schuldgefühle, wenn ich meine Einzigartigkeit in irgendeiner Weise zum Ausdruck brachte. Die Loyalität in einer zerrütteten Familie verlangt, daß nur wenige Meinungsverschiedenheiten zugelassen und eine natürliche Trennung und Ablösung verhindert werden. Ich erfüllte die sexuellen Bedürfnisse anderer Familienmitglieder, indem ich meine eigenen leugnete.

Als erwachsener Mensch auf dem Weg zur Gesundung löse ich mich in meinen Bedürfnissen von den Wünschen anderer, um meinem sexuellen Verlangen auf verantwortungsbewußte Weise entsprechen zu können. Heute will ich meine Einzigartigkeit durch das Ausleben meiner Sexualität Ausdruck verleihen.

Ich bin mit mir zufrieden.

In meinem von Abhängigkeiten bestimmten Elternhaus hatte ich nie das Gefühl, daß man mit mir zufrieden war, ganz gleich, wie hart ich arbeitete und wieviel ich erreichte. Die Folge war, daß mich alles, was ich tat, nur wenig befriedigte. Jetzt als Erwachsener empfinde ich trotz meines Erfolges oft die gleiche vage Unzufriedenheit. Manchmal manifestiert sie sich als eine dunkle Wolke der Depression, obwohl alles gut läuft. Inmitten des grauen Nebels negativer Gefühle in mir sehe ich das Kind, das nie die Akzeptanz erfuhr, die es gebraucht hätte, um sich an all den guten Dingen, die es erreicht hat, wirklich freuen zu können.

Heute will ich mein inneres Kind umsorgen und ermuntern. Ich will ihm versichern, daß es, so wie es ist, wunderbar ist. Daß es seine Akzeptanz nicht unter Beweis stellen muß, indem es noch Größeres leistet. Und ich fühle, während ich mein inneres Kind so ermutige, wie sich in mir Zufriedenheit mit der Person, die ich bin, und mit dem, was ich geleistet habe, einstellt. Heute weiß ich es: Genug ist endlich genug.

Ich will mit dem heiligen Kind in mir sanft umgehen.

Ein Kind weint. Wenn ich das Schluchzen nicht ertragen kann, versteckt sich mein inneres Kind in einem Schrank, unter einem Baum oder auf dem Dachboden. Aber es ist da und weint um das, was es verloren hat, was nie war, was nie sein kann.

Mein inneres Kind versteckt sich aus Angst, wieder verletzt zu werden, und fühlt sich nur in seinem Versteck sicher. Doch so ganz allein wird es keinen Trost finden. Es muß getröstet, geliebt, bestätigt werden: »Du bist eine wunderbare Person. Ich kümmere mich um dich. Ich bin so glücklich, daß du da bist, daß du lebst und wächst.«

Kinder, die verletzt wurden, sind schüchtern und haben Angst, jemandem zu vertrauen. Vertrauen stellt sich durch sanfte, beharrliche Geduld ein. Deshalb will auch ich mit diesem inneren verängstigten Kind sanfte und beharrliche Geduld üben. Ich will es ermuntern herauszukommen, damit ich es in den Arm nehmen, umsorgen und ihm einen Grund geben kann, Vertrauen zu haben. Heute will ich für mich selbst sorgen, indem ich mein inneres Kind tröste.

Ich sehe mich mit den Augen meines inneren Kindes.

Wie dumm, auf einem Stuhl zu sitzen, wenn auf dem Boden viel mehr Platz ist. Außerdem fällt man nicht hinunter, wenn man auf dem Boden sitzt. Überhaupt ist das Dasitzen ziemlich doof, wenn man doch auch herumkugeln, rennen, springen oder herumpurzeln könnte.

Erwachsene benehmen sich wirklich komisch am Telefon. Manchmal verändern sie ihre Stimme und hören sich an wie die Leute von der Werbung – unglaublich höflich.

Und noch was. Erwachsene sagen vierzigmal »Auf Wiedersehen«, bevor sie endlich das Haus von ihren Freunden verlassen. In der Zeit, in der sie sagen, daß ich aufräumen soll, weil wir gleich gehen, und der Zeit, bis wir dann endlich gehen, könnte ich noch zehnmal was spielen.

Heute will ich mein erwachsenes Selbst mit den Augen meines inneren Kindes betrachten.

*Mein Glück kommt aus dem Inneren,
und ich teile es mit anderen.*

Wenn wir eine Beziehung in der Erwartung eingehen, daß die andere Person uns glücklich und zufrieden macht, ist der Mißerfolg schon vorprogrammiert. Als Kind glaubte ich, daß es meine Schuld sei, wenn meine Eltern unglücklich waren. Ich glaubte, ich müßte ihrer Vorstellung von einem vorbildlichen Kind entsprechen. So verbrachte ich meine Zeit mit der Suche nach etwas, das ich tun könnte, damit ihr Leben besser würde.

Heute will ich aufhören zu erwarten, daß andere nach meinen Idealen leben. Ich habe nicht das Recht, anderen meine Erwartungen aufzuzwingen. Heute will ich damit beginnen, andere von der Verantwortung zu erlösen, mich glücklich zu machen. Ich verdiene eine Beziehung, nicht um mich glücklich zu machen, sondern um andere an den vielen Facetten meiner Persönlichkeit teilhaben zu lassen.

In dem Maße, wie ich lerne, meine eigenen Bedürfnisse zu erkennen und zu erfüllen, bin ich von anderen weniger abhängig. In dem Maße, wie ich mein inneres Kind umsorge, werde ich freier, mich auf gesunde Weise auf andere einzulassen.

Ich mag mich, einfach weil ich bin.

Ich bin einzigartig, und das macht mich zu etwas Besonderem. Niemand auf der Welt kann meinen Platz einnehmen. Ich muß nicht mehr meiner Schwester oder meinem Bruder gleichen. Ich muß nicht das Leben führen, das sich meine Eltern für mich vorstellten. Ich bin klug, ich bin lustig, ich bin glücklich, ich bin traurig, ich bin stark, und ich bin weise genug, so wie ich bin.

Ich mag mich, einfach weil ich bin.

Heute feiere ich meine Freude darüber, daß ich ich selbst bin.

Mein Selbstbild ist eine Collage aus einer merkwürdigen Ansammlung von Individuen. Jeder, der ich jemals sein wollte, findet sich hier, und ebenso jeder, der zu sein ich jemals fürchtete. Held und Penner, Heiliger und Sünder, alle sind sie mal an der Reihe, über mein Selbstbild und mein Handeln zu bestimmen.

Mein inneres Kind, der Kern meines wahren Selbst, ist weder Held noch Penner. Beide Extreme entstammen nicht der Realität. Der Held treibt mich an, mehr zu sein, als ich wirklich bin, um meine Eignung und meinen Wert zu beweisen. Der Penner in mir ist nur das verzerrte Produkt der kritischen Stimmen aus meiner Kindheit und in keiner Weise eine echte Widerspiegelung meiner selbst.

Heute will ich einen weiteren Schritt auf dem Weg zur Ganzheit tun, indem ich die Helden und die Penner aus meinem Selbstbild lösche. Ich bin ein menschliches Wesen – nicht mehr und nicht weniger. Heute will ich meine Freude darüber feiern, daß ich ich selbst bin – einzigartig, besonders und annehmbar, einfach so wie ich bin.

Ich verfüge über eine ausgeprägte Spiritualität und lebe ein erfülltes Leben.

Ich besitze einen Reichtum an Weisheit, der mich die Bedürfnisse meines inneren Kindes erkennen läßt. Ich verfüge über viel Mut, um mich mit meinen Gefühlen auseinanderzusetzen und sie direkt äußern zu können. Deshalb ist mir die bedingungslose Liebe zu meinem inneren Kind auch viel wichtiger als etwa ein teures Auto oder eine Stereoanlage. Ich stopfe meine Gefühle nicht in einen Schrank, der bis zum Rand mit Kleidern und Krimskrams angefüllt ist. Meine Fülle an innerer Kraft erfüllt mich mit tiefem Frieden.

In meinem Elternhaus mußte ich Zuwendung und Fürsorge entbehren. Als erwachsenes Kind flüchtete ich mich aus dem Schmerzgefühl dieses Mangels in eine Sucht. Ich versuchte, meine Leere mit Dingen zu füllen, statt mich von innen her zu heilen.

Heute will ich das Kind in mir mit meinem inneren Reichtum beschenken. Ich bin von heilender Energie und innerem Frieden erfüllt. Ich verfüge über einen Reichtum an Spiritualität und lebe ein erfülltes Leben.

*Ich kann zufrieden sein,
auch wenn ich allein bin.*

Heute will ich innerhalb wie auch außerhalb einer engen Beziehung zufrieden sein. Ich habe auf dem Weg zur Gesundung Fortschritte gemacht. Ich habe es erreicht, mich mehr und mehr selbst zu mögen. Meine Zufriedenheit mit mir selbst hat mir eine neue Freiheit eröffnet – ohne Panik oder Depression allein sein zu können.

Es gab Zeiten, in denen mich mein inneres Kind dazu trieb, mich an Beziehungen zu klammern, um mein Bedürfnis nach Zugehörigkeit zu stillen – ein Bedürfnis, das in meinem zerrütteten Elternhaus nie erfüllt wurde. Nun habe ich erkannt, daß ich in mir selbst einen Ort der Zugehörigkeit schaffen muß, bevor ich mit jemand anderem ein Zuhause teilen kann.

Im Rahmen meines Wachstums wurde ich zu der liebevollen und verantwortungsbewußten Mutter und dem Vater, die ich als Kind nie hatte. Ich habe auch gelernt, mir Zeit zu nehmen. Ich nutze diese Zeit, um das Leben zu genießen und mit vielen Freunden zusammenzusein, ohne mich an eine exklusive Beziehung zu klammern. Heute will ich mit mir selbst und über den Reichtum meines Lebens glücklich sein, den ich erschaffe – gleich ob ich allein oder mit jemand anderem zusammen bin.

Ich akzeptiere mein inneres Kind.

Als Kind beneidete ich die Kinder, die ohne Stirnrunzeln oder Mißbilligung von Seiten ihrer Umwelt sie selbst sein durften. Ich beneidete sie um ihr sorgloses Spiel, ihre törichten Entscheidungen und die Fülle ihrer Emotionen.

Als Erwachsene lerne ich nun, mein inneres Kind zu akzeptieren, und damit verschwindet mein Neid. Ich erkenne, wie wichtig es ist, die zu sein, die ich bin, statt die Person, die ich, wie ich meine, anderen zufolge sein soll.

Wenn mein inneres Kind die Führung übernimmt, dann spielt es keine Rolle, was andere von mir denken. Viele Menschen mögen mich so, wie ich bin, ohne Fassade oder Maske. Und es lohnt sich nicht, Zeit für die zu verschwenden, die mich nicht mögen.

Früher fürchtete ich mich davor, mich neuen Freunden so zu zeigen, wie ich wirklich bin, weil ich sicher war, daß sie mich dann verlassen würden. Jetzt ist mir klar, daß ich nichts verliere, wenn die Menschen aus meinem Leben verschwinden, die Erwartungen an mich stellen, die ich nicht erfüllen kann. Ich bin die, die ich bin – und ich bin gut genug.

Ich kann mich ohne Geschrei mitteilen.

In meinem chaotischen Elternhaus brüllte oder schrie immer gerade jemand. Wir haben die Dinge nie auf rationale Weise diskutiert oder ruhig besprochen. Wer am lautesten brüllte, der wurde gehört. Wer die anderen niederschrie, der hatte gewonnen. Das war es, was ich als Kommunikation zu bezeichnen lernte.

Heute will ich meinem inneren Kind zuhören. Es schreit nicht, um gehört zu werden, und macht auch andere nicht verbal fertig, damit sie sich unterordnen. Es drückt sich klar und bestimmt aus, auch wenn es wütend ist. Und während ich ihm zuhöre, lernt es, mir zuzuhören. Gemeinsam beginnen wir, miteinander zu kommunizieren.

Ich will mir für Fehler in der Vergangenheit verzeihen.

Heute will ich aus dem Dachgeschoß meiner Vergangenheit heruntersteigen. Ich habe dort schon zuviel Zeit verbracht, habe eine Truhe mit alten Lumpen durchgesehen, Lumpen des Schuldgefühls und der Scham. Der größte Teil dieser Lumpen stammt von den kritischen Stimmen aus meiner Kindheit – Stimmen, die mir sagten, daß ich nie gut genug sei, daß ich immer mehr tun oder sein müsse, um akzeptiert werden zu können. Die Stimmen der Scham aus meiner Kindheit sind die Stimmen meiner verhaltensgestörten Eltern.

Heute will ich ihre Stimmen durch eine neue Stimme ersetzen, die mich an all die wunderbaren Qualitäten erinnert, die mir Gott gegeben hat. Ich will die Schuldgefühle wegen meiner Fehler in der Vergangenheit auflösen, indem ich mir verzeihe, daß ich nicht vollkommen bin. Und damit spreche ich mein inneres Kind frei.

Heute will ich aus dem Dachgeschoß meiner Vergangenheit herunterkommen und die Tür fest hinter mir verschließen. Ich muß nicht länger in der Vergangenheit leben. Der Sonnenschein und die Freude des Lebens erwarten mich.

Ich kann meine Wut auf gesunde Weise äußern.

Manchmal werde ich von meiner Wut überwältigt. Da ich, als ich aufwuchs, zu viele Szenen der Raserei und Gewalttätigkeit miterlebt habe, schwor ich mir, nie jemandem meine Wut zu zeigen.

Aber manchmal fühle ich mein zweijähriges Kind in mir, das um sich treten und brüllen, beißen und alles zerreißen will. Dann bekomme ich Angst vor meiner Wut und fühle mich nicht in der Lage, dieses innere Kind zu trösten.

Wenn ich wieder das Gefühl habe, die Welt auseinandernehmen zu wollen, dann stelle ich mir von jetzt an mein tobendes zweijähriges inneres Kind vor. Ich will es sanft in den Arm nehmen, damit es sich nicht selbst weh tut, bis seine Wut »verraucht« ist. Ich fühle, wie die Starrheit aus seinem Körper weicht. Traurigkeit steigt auf, und es wird stärker, da es jetzt seiner Wut verbal Ausdruck geben darf.

Da ich nun lerne, meine Wut zu entwaffnen, kann ich mit ihr auf klarere und direktere Weise umgehen. Ich lerne, meine Emotionen auf gesunde Art zu äußern.

Ich spüre das Fließen zwischen Kopf und Herz.

Als zweijähriges Kind versuchte ich meine Unabhängigkeit im Denken und Handeln zu behaupten. Mein Wille stieß sich ganz automatisch am Willen meiner Eltern und forderte, daß Grenzen gesetzt wurden. Im Haus meiner Kindheit wurde eine solche Unabhängigkeit nicht geduldet. Folglich wirbeln jetzt in meinem Erwachsenenleben meine Gedanken und Gefühle wirr herum. Manchmal lasse ich wie besessen meine Gedanken kreisen und kreisen, damit ich nichts fühlen muß. Ein andermal sind meine Gefühle so intensiv, daß ich nicht über sie nachdenken kann.

Heute will ich diesen zarten Tanz zwischen Kopf und Herz erleben. Wenn mich Traurigkeit oder Schmerz überwältigen, will ich mir Zeit nehmen und fragen, was mir mein Gefühl sagen möchte. Auf diese Weise lasse ich die Weisheit meiner Gefühle und die Klarheit meiner Gedanken ins Gleichgewicht kommen. Ich will zu dem sanften und doch starken Elternteil werden, den mein zweijähriges inneres Kind braucht.

Ich habe das Recht, einfach zu sein.

In mir sind keine Gedanken, und ich habe Mühe, mich zu konzentrieren. Es ist in Ordnung, wenn ich still bin und mich dort dem Nichts überlasse, wo sonst meine Gedanken spielen und Regie führen. Ich will mir erlauben, mich zu entspannen und die Reize aus meiner Umwelt in mich aufzunehmen, ohne mich dafür zu tadeln.

Heute will ich das ungetan sein lassen, was noch einen Tag liegen bleiben kann, ohne mich dafür zu beschimpfen. Ich will nicht von einer Aufgabe zur nächsten hasten. Ich will mir soviel Zeit lassen, wie ich brauche.

Heute will ich mich um das wundervolle kleine Kind in mir kümmern. Vielleicht sitze ich in der Sonne und lasse die Brise mit meinem Haar spielen. Vielleicht bleibe ich im Bett und döse. Oder vielleicht unternehme ich einen gemächlichen Spaziergang und lausche auf die Laute meiner Umwelt. Ich will einfach sein. Und das ist in Ordnung so.

Ich erlerne die Kunst des Zusammenseins mit anderen.

Gesunde Kinder lernen sich selbst zu behaupten, wenn sie das Bedürfnis nach Gesellschaft haben. Sie können ihre Einsamkeit aussprechen, in irgendein Zimmer gehen und schon allein die Gegenwart anderer Menschen um sich herum genießen.

Die Einsamkeit, die ich als Kind in meiner suchtabhängigen Familie erfuhr, war oft nicht mehr zu ertragen. Manchmal fühlte ich mich lästig, wenn ich die Aufmerksamkeit meiner Eltern brauchte. Ein andermal mußte ich sie unterhalten oder mich produzieren, um mir ihre Gegenwart zu verdienen. Dieses Einsamkeitsgefühl in einem Haus voller Menschen war eine niederschmetternde Erfahrung.

Heute will ich mir meinen Wunsch nach Verbindung mit anderen Menschen erfüllen. Wenn ich allein oder zu Hause arbeite und Gesellschaft möchte, lade ich einen Freund oder ein Familienmitglied ein, mir Gesellschaft zu leisten. Ich lerne die Kunst des Zusammenseins mit anderen in behaglichem Schweigen, statt in panische Angst zu verfallen.

In bin imstande, Gesellschaft zu finden. Ich erfülle dieses Bedürfnis auf ganz einfache Weise und voller Zuversicht.

Heute greifen mein inneres Kind und ich nach den Sternen!

Manchmal nehme ich mir sich bietende Gelegenheiten nicht wahr. Ich fürchte mich, Risiken einzugehen und neue Dinge auszuprobieren. Die Gelegenheit, eine neue Freundschaft zu schließen, macht mir Angst. Die Aufstiegsmöglichkeit, die mir ein neuer Job böte, macht mir nur meine Unzulänglichkeiten bewußt. Könnte ich tatsächlich in eine andere Stadt umziehen? Könnte ich wirklich diese Arbeit bewältigen?

Die Gelegenheit, emotional zu gesunden, ist gleichermaßen erschreckend für mich. Was, wenn es zu weh tut? Was, wenn ich Dinge erfahre, die ich nie wirklich wissen wollte? Doch mein inneres Kind sprudelt heute vor Energie über und fordert mich dazu heraus, mich über meine Grenzen hinwegzusetzen und neue Dinge auszuprobieren.

Heute will ich neue Gelegenheiten suchen. Ich will ein Risiko eingehen und nach den Sternen greifen. Ich will mich daran erinnern, daß Mut heißt, sich der Angst zu stellen und trotz allem weiterzumarschieren. Ich will aus jeder Gelegenheit das Beste machen und dabei entdecken, daß die Energie mit dem Handeln kommt.

Ich belebe und bereichere meine Umwelt.

Meine Wahrnehmungen von der Welt wurzeln in der Realität, und meine Handlungen sind positiv und kraftvoll.

Mein inneres Kind erlebt die Welt durch seine Sinne, Gedanken und Gefühle. Es hat eine persönliche Macht, die mich auffallen läßt, wenn ich einen Raum betrete, oder die Leute dazu bringt, auf mein Lächeln oder meine Beobachtungen zu reagieren. Meine Gegenwart hat Auswirkungen auf meine Umwelt.

In meinem zerrütteten Elternhaus hatte ich das Gefühl, bei meinen Mitmenschen nur wenig oder gar nichts bewirken zu können. Ich nahm an, daß meine Gegenwart nur Schmerz und Leid verursachte. Auf dem Weg zur Gesundung erkenne ich die persönliche Macht und die Wahrnehmungen meines inneren Kindes an. Voller Zuversicht bewege ich mich in der Welt.

Heute will ich mich für Aktionen entscheiden, die mein Leben und das Leben anderer bestätigen und bereichern.

Ich kann mir eine Pause genehmigen.

Wenn ich müde bin, gönne ich mir eine Ruhepause. Ich bleibe, in die warmen, gemütlichen Decken eingewickelt, so lange im Bett, wie ich will. Und wenn ich mag, schlafe ich wieder ein. Wenn ich aufstehe, dann gemächlich; ich nehme ein ausgedehntes heißes Bad und reibe meinen Körper mit Öl oder einer Creme ein, so daß sich meine Haut glatt anfühlt und ich mich verwöhnt fühle. Den ganzen Tag nehme ich mir nur Zeit für mich selbst.

Heute finde ich nicht mehr das Kind, das krank werden mußte, um langsamer machen zu können. Ich achte auf meine Bedürfnisse, bevor ich Fieber, eine Halsentzündung oder Kopfschmerzen bekomme. Ich verwöhne mich immer mal wieder, indem ich nicht zur Arbeit gehe, sondern zu Hause bleibe. Ich sitze vor dem Fernseher oder lese ein Buch, esse mein Lieblingsgericht und entspanne mich einfach. Ich muß nicht erst krank werden, um mich meiner selbst anzunehmen.

Auf Autorität reagiere ich rational.

In einer Familie, die nicht funktioniert, wissen die Eltern wenig darüber, wie sie ihren Kindern beim Aufwachsen helfen können. Sie setzen ihre Autorität oft auf irrationale Weise ein, und die Kinder gehorchen aus der Angst heraus.

Als erwachsenes Kind reagiere ich auf Autorität oft irrational. Entweder folge ich den Befehlen wortlos und füge mich über jedes vernünftige Maß hinaus, oder ich werde trotzig und rebelliere gegen jegliche Autorität.

Auf dem Weg zur Genesung lerne ich, meine Reaktionen auf Autorität zu kontrollieren. Ich achte sehr genau auf meine Gefühle gegenüber meinem Chef, meinem Pfarrer oder gegenüber irgendeiner sonstigen Autorität. Wenn jemand Macht mißbraucht, kann ich mich schützen. Wenn ich emotional trotzig werde, werde ich ganz sanft und bestimmt mein inneres Kind beruhigen.

Heute will ich auf Autorität rational reagieren und auf verantwortliche Weise meine eigene Autorität stärken.

Ich bin mit der Erde und dem Himmel verbunden.

Mein inneres Kind ist sowohl mit der Erde als auch dem Himmel verbunden. Ich schließe die Augen und sehe mein inneres Kind und mich langsam und friedlich durch einen Wald schlendern. Sonnenlicht fällt durch die Zweige und malt Lichtpfützen auf den Boden. Wir atmen tief durch und genießen den Geruch der Bäume und Blätter und des Bodens unter unseren Füßen. Wir wandern weiter, bis wir einen Baum sehen, der uns gefällt. Wir legen die Arme um ihn und spüren, wie seine ruhige Stärke unseren ganzen Körper tief durchdringt. Dieser Baum nimmt sich in seinem Leben Zeit, er geht nicht woanders hin. Er ist zufrieden damit, daß er wächst und von Erde und Sonne genährt wird.

Wir schließen die Augen und tun so, als ob wir Bäume wären. Wir spüren, wie aus unseren Füßen Wurzeln wachsen, die tief in die Erde hineinreichen und natürliche frische Wasserquellen anzapfen. Wir saugen das Wasser in unseren Körper ein und fühlen, wie es in uns hinauffließt, während unsere Arme und Hände zu Zweigen werden, die sich der Sonne entgegenstrecken. Wir atmen ein und aus, sicher zwischen Himmel und Erde eingebettet.

Heute will ich meine spirituellen Kräfte mit dem Mut meiner Jugend stärken.

»Wenn überhaupt, so überleben nur wenige die Jahre ihrer Teenagerzeit«, schreibt Maya Angelou. »Die meisten kapitulieren vor dem zwar vagen, aber mörderischen Druck der Erwachsenen zur Anpassung.«

Der Kampf der Teenager unserer Gesellschaft gegen das Erwachsenwerden hat etwas sehr Tapferes. Sie müssen um ihre Eigenständigkeit kämpfen und bringen einen inneren spirituellen Mut auf, der sie oft, wenn sie dann erwachsen sind, staunen läßt. Sie setzen sich mit alten Normen und Vorschriften in Familie und Gesellschaft auseinander und wagen es, anders zu sein.

Teenager schaffen in gewisser Weise Rollenvorbilder für ihr künftiges erwachsenes Selbst. In der Familie, aus der ich komme, wurden meine Konflikte nicht zur Kenntnis genommen oder als bloße Rebellion abgetan. Als erwachsenes Kind habe ich die Gestalt der »spirituellen Kriegerin« meiner Teenagerzeit vergessen.

Heute will ich es wagen, anders zu sein. Ich will meine spirituellen Kräfte mit meinem jugendlichen Mut verbinden.

Ich habe all die Zeit, die ich brauche.

Manchmal habe ich das Gefühl, nie genügend Zeit zu haben, um all die Dinge zu tun, die ich tun muß.

Heute will ich in der »Zeit des Kindes« leben, als sich die Schule ewig hinzuziehen schien und der Sommer dafür versprach, nie zu Ende zu gehen. In dieser Zeit der langen erfüllten Sommertage kann ich mein Tempo allmählich verlangsamen und mir alles ganz genau ansehen. Ich kann im Gras liegen und zuschauen, wie sich vor mir eine ganze Welt eröffnet. Aus dieser Perspektive beobachte ich, wie die Ameisen nach Hause marschieren und Erdkrumen mit sich schleppen, die groß wie Hügel erscheinen; ich sehe Gräser so hoch wie Mammutbäume und Spinnennetze, die Fischernetzen gleichen. Wenn ich müde werde, all diese Dinge zu betrachten, kann ich mich auf den Rücken legen und zum Himmel hinaufschauen. Ich sehe, wie die Wolken langsam vorbeiziehen und sich in ihrer Form von einem Schiff in eine Burg verwandeln, bevor sie sich in Fetzen auflösen.

Heute – aus dem Blickwinkel des Kindes – sehe ich Dinge, die mir vorher nie aufgefallen sind, obwohl sie schon immer da waren. Ich *habe* die Zeit dazu.

Ich heile die Scham meines inneren Kindes.

Heute will ich bestrebt sein, das kleine Kind in mir zu lieben. Ich will ihm helfen, sich von seinem übertriebenen Schamgefühl, das es mit sich herumschleppt, zu befreien. Ich will ihm all die besonderen Qualitäten, die ich in ihm sehe, beschreiben – seine Intelligenz, seinen Sinn für Humor, seine Neugier und sein gutes Herz.

Die Botschaften, die ich in meinem zerrütteten Elternhaus erhielt, brachten mich dazu, daß ich mich meiner Identität schämte. Mir wurde nie die bedingungslose Liebe zuteil, die mir das Bewußtsein gegeben hätte, eine akzeptable Person zu sein. In der Folge verbrachte ich mein ganzes Leben mit dem Versuch, dieses Schamgefühl hinter einer Fassade zu verbergen. Ich ging in der Arbeit, in einer Beziehung oder in der Mutter- oder Vaterrolle auf. Ich trachtete nach Vollkommenheit und versuchte mein Schamgefühl unter hektischer Aktivität zu begraben.

Aber jetzt, da ich gelernt habe, mich mehr zu lieben und zu respektieren, kann ich auch ganz deutlich sehen, wie zerstörerisch es ist, wenn ich versuche, diesem Schamgefühl aus dem Wege zu gehen. Heute will ich die Fassade entfernen und mit meinem inneren Kind sprechen: »Du bist ein geliebtes Kind Gottes. Du mußt dich nicht mehr vor irgend jemandem verstecken.«

Heute will ich darauf vertrauen, daß mich meine höhere Macht führt.

Als an einem stürmischen Tag die Welt kopfzustehen schien, fand sich Winnie der Bär unter einem Möbelstück eingeklemmt. Und während er darauf wartete, daß der Sturm sich legte, schrieb er, um sich die Zeit auf angenehme Weise zu vertreiben, ein kleines Lied.

Stürme des Zorns und des Selbsthasses durchbrausen mein Leben und krempeln alles, wofür ich gearbeitet habe, um. Meine Gedanken und Emotionen kämpfen um die Kontrolle, aber meine Hoffnung schwindet dahin. Je mehr ich mich um die Kontrolle bemühe, desto stärker werden die Stürme.

Vielleicht kann ich nicht immer alle Stürme vertreiben. Manche müssen durchgestanden werden. Deshalb beschließe ich heute, meine eigene Art Lied dazu zu schreiben. Vielleicht mache ich einen Spaziergang im Park oder vertraue einem guten Freund meine Gefühle an, oder ich gehe schwimmen oder unternehme eine kleine Radtour. Bei allem vertraue ich meiner höheren Macht, daß sie mich stützt und vor dem Ertrinken bewahrt. Am Ende stellt sich heraus, daß der Sturm ein Segen war, denn ich habe etwas von ihm gelernt.

Ich bin die Quelle aller Bestätigungen, die mein inneres Kind braucht.

Heute will ich meine Genesung feiern, indem ich mein Bedürfnis überwinde, in Beziehungen zu klammern.

Die Angst drängt mich dazu, über die Menschen, die mir am nächsten stehen, Kontrolle auszuüben und mich an sie zu klammern. Diese Angst geht von meinem verzweifelten inneren Kind aus, das fürchtet, verletzt zu werden. Aber die Kontrollsucht und das Klammern vertreiben die geliebten Menschen nur und lassen unsere schlimmsten Ängste wahr werden. Jetzt weiß ich, daß, wenn ich wieder versucht bin, mich in einer Beziehung zu verlieren, mein inneres Kind sich nach der elterlichen Zustimmung sehnt, die es nie bekommen hat. Ich bin die Quelle seiner Bestätigung und niemand sonst.

Wenn ich meinem inneren Kind die Liebe und Fürsorge zukommen lasse, nach der es verlangt und die es verdient, lockert sich sein Würgegriff, mit dem es andere Menschen umklammert. Heute will ich mit meinem Kontrollieren aufhören und die von mir geliebten Menschen sie selbst sein lassen.

Ich kann mich dem stellen, was mir angst macht.

Zu lange habe ich mich wie ein ängstliches Kind benommen, das sich hinter den Röcken seiner Mutter versteckt. Ich habe zugelassen, daß meine Ängste mein Leben beherrschen und mich davon abhalten, das zu tun, was mein Herz mir sagt. Ich benütze meine Ängste, um mich vor Dingen zu schützen, mit denen ich mich nicht konfrontieren will.

Heute will ich nicht mehr die Augen vor den Dingen verschließen, die ich nicht sehen will. Ich bin bereit, die Augen zu öffnen und mich mit ruhigem, stetigem Blick dem Gegner zu stellen. Was ich sehe, überrascht mich. Es ist gar nicht das schreckliche Ungeheuer, auf das ich gefaßt war. Vielmehr sehe ich ein verlorenes, einsames, verängstigtes Kind, einen Teil von mir, der schon zu lange draußen in der Kälte stehengelassen wurde. Ich frage es, was es von mir will, und es antwortet: »Ich will nur hineingelassen, gekleidet, genährt und warm gehalten werden.«

Ich nehme es in die Arme und sage: »Hab keine Angst. Du bist jetzt bei mir.« Ich spüre, daß meine Angst wie ausgetrocknetes Papier unter meinen Fingern zerfällt und davongeweht wird.

Ich habe meine eigenen einzigartigen Gaben für die Welt.

Ich möchte Romane schreiben und auf der Bühne singen. Ich möchte eine Schauspielerin sein und als Philosoph einen Namen haben. Ich möchte Leute zum Lachen bringen und kleine und große Reisen unternehmen. Ich möchte so vieles sein, aber jetzt ist eindeutig klar: Ich werde nie ein Dickens oder Caruso sein, eine Garbo oder ein König Salomon. Es gibt nur einen Charly Rivel und Gott sei Dank auch nur einmal mich.

Ich kann die Welt mit meinen Gaben und Talenten segnen, was immer sie auch seien. Mein inneres Kind hat vieles anzubieten. Vielleicht habe ich die Gabe der Freundschaft, des Zuhörens oder der Gastfreundschaft. Vielleicht beschenke ich meinen Arbeitgeber mit einer unfehlbaren Geschicklichkeit. Oder vielleicht bringe ich mit meiner Gabe der Überredungskunst ein paar Freunde dazu, etwas für das Allgemeinwohl zu tun.

Vielleicht ist es mein Lächeln, das das Selbstwertgefühl eines anderen aufrichtet, oder meine Umarmung, die die Einsamkeit eines anderen Menschen erträglicher macht. Ich bin sehr vieles ... eine begabte, talentierte, besondere Person.

Ich bin meinem inneren Kind eine liebevolle und aufmerksame Mutter oder ein liebevoller und aufmerksamer Vater.

Wir lernen uns so zu behandeln, wie wir behandelt worden sind. Weil mir ständige Ablehnung entgegengebracht wurde, habe ich gelernt, mich lieblos zu behandeln. Bei mir zu Hause war kein Platz für Irrtümer. Und jetzt in meinem inneren Zuhause beschimpfe ich mich auf eine Weise, die den Geist meines inneren Kindes verstümmelt. Kein Wunder, daß es zögert, sich zu zeigen. Um meinen verwundeten Geist zu heilen, muß ich in einigen Dingen eine andere Wahl treffen.

So treffe ich heute die Wahl, meinem inneren Kind eine liebevolle Mutter und ein aufmerksamer Vater zu sein. Ich verstehe und akzeptiere, daß ich nicht immer vollkommen sein und das Richtige tun kann. Ich weiß, daß Erwachsenwerden schwer ist, und leite mein inneres Kind bestmöglich an. Ich muß es weder beschimpfen noch prügeln. Es ist mir klar, daß es jung und verletzlich ist, und ich schenke ihm meine bedingungslose, unerschöpfliche Liebe.

Heute stelle ich mir ein glückliches Leben vor.

Heute setze ich meine Vorstellungskraft zur Visualisierung von Wohltaten statt Katastrophen in meinem Leben ein. Reagiert mein inneres Kind mit Angst, dann will ich ihm ganz sanft Sicherheit geben, indem ich mir ganz bewußt Szenen der Güte und Hoffnung vorstelle und ausmale.

Im Laufe der chaotischen Jahre, die ich in meinem Elternhaus verbrachte, wurde ich sehr geschickt in der Visualisierung von imaginären Szenen. Leider spiegelten diese Szenen gewöhnlich die heimische Atmosphäre der Angst wider. Die Ängste meines inneren Kindes stecken noch in mir. Sie liefern das düstere Material für meine Imaginationen. Oft bin ich zwanghaft von Gedanken an Katastrophen besessen.

Heute will ich meine Gedanken ganz bewußt auf Wohltaten und künftige Gesundheit konzentrieren. Ich stelle mir ein in jeder Hinsicht glückliches Leben vor.

Ich freue mich auf ein mich bereicherndes und lohnenswertes Leben im Alter.

Heute freue ich mich darauf, daß ich älter werde. So wie ich das reiche Wachstum meines inneren Kindes schätze, weiß ich auch das Wachstum im Alter zu würdigen.

Als ich aufwuchs, nahm ich die negativen Botschaften über das Alter in mich auf, die mir meine Kultur und Familie übermittelten. Ich setzte Stärke und Selbstwertgefühl mit jugendlichem Elan und Attraktivität gleich. Meine Bemühungen, jünger auszusehen, verstärkten nur meine Ängste.

Jetzt sehe ich rings um mich herum Rollenvorbilder von älteren Menschen, die sich dem ›Peace Corps‹ anschließen, Romane schreiben und an Marathonläufen teilnehmen. Heute will ich mich als eine im Alter aktive Person sehen, die der jüngeren Generation als Rollenvorbild dient. Ich weiß, daß ich nie aufhören werde zu wachsen.

Ich spiele viele Rollen, und meine Identität ist in sich stimmig.

Als Kind mochte ich nicht so tun, als sei ich jemand anderes; und ich wollte auch nicht, daß meine Freunde irgend etwas anderes darstellten als das, was sie waren. Alle diese Masken ängstigten mich. Würde ich meine Freunde hinter ihren Masken erkennen? Würden sie mich erkennen?

Als Erwachsener weiß ich nun, daß wir alle zuweilen Masken tragen. Wir besitzen eine gesellschaftliche Maske, eine Arbeitsmaske, eine Schulmaske, eine Kindmaske, eine Elternmaske. Doch hinter diesen Masken findet sich unser wirkliches Gesicht, das Gesicht, das sich nie verändert. Wenn ich mich dabei beobachte, wie ich die eine Maske ablege und eine andere anlege, erinnert mich das an den Garderobenwechsel für jeweils bestimmte Gelegenheiten. Ich fühle mich wohl mit meinen Masken – im Wissen, daß ich es bin, der durch diese Masken spricht. Immer der wirklichen Person hinter meiner Maske eingedenk jagen mir die gesellschaftlichen Masken der anderen keinen Schrecken mehr ein.

Ich kann mir ein befriedigendes Gesellschaftsleben schaffen.

Ich will die Attraktivität meiner Person feiern, indem ich mir ein befriedigendes Gesellschaftsleben schaffe. Ausgehabende, Parties und Unterhaltung in der Gesellschaft von anderen können mein Leben bereichern.

Als ich ein Kind war, existierte ein solches Gesellschaftsleben praktisch nicht. Von ihrem Schmerz und ihrer Pein zermürbt, isolierten sich meine suchtabhängigen Eltern vom Rest der Welt. Weil nie vorauszusehen war, was bei mir zu Hause passierte, riskierte ich es selten, Freunde zu mir einzuladen. Die Folge war, daß ich ohne jede wirkliche Erfahrung eines normalen befriedigenden Gesellschaftslebens erwachsen wurde. Meine Freizeit verbrachte ich oft allein, weil mir gesellschaftliche Ereignisse einfach zuviel Unbehagen bereiteten.

Auf dem Weg zu einer ganzheitlichen Person verspüre ich nun den Wunsch, mit anderen zusammenzusein. Ich stelle fest, daß die Freude an der Gesellschaft mit Freunden tiefe Bedürfnisse in meiner Seele erfüllt. Heute will ich mich aktiv mit den Möglichkeiten eines befriedigenden Gesellschaftslebens beschäftigen.

Ich kann bei der elterlichen Betreuung meines inneren Kindes um Hilfe bitten.

Manchmal fühle ich mich bei der Betreuung meines inneren Kindes wie eine alleinerziehende Mutter, der alles zuviel wird. Mein inneres Kind braucht soviel Liebe, soviel Hilfe, soviel Ermutigung. Ich frage mich, ob ich wirklich dazu fähig bin, ihm alles zu geben, alles hinwerfen und rufen: »Ich kann's nicht!« Ich will toben und es anschreien, daß es mich in Ruhe lassen soll. Ich brauche Hilfe.

Auf dem Weg zur Gesundung lerne ich, bei der elterlichen Betreuung meines inneren Kindes um Hilfe zu bitten. Ich kann Freunde, Berater oder mein weises inneres Selbst um Unterstützung bitten. Andere haben das schon vor mir durchgemacht oder stecken auch mittendrin. Ich muß mich nicht dafür schelten, daß ich müde bin – dies ist harte Arbeit.

Heute will ich um Hilfe bitten und sie dankbar annehmen.

Heute will ich voll präsent sein.

Als Kind, das in einer chaotischen Familie aufwuchs, lernte ich, abzuschalten und stumm zu werden, sobald irgendwelche schlimmen Dinge passierten. Ich flüchtete mich in eine Phantasiewelt, in der ich die Kontrolle über alles hatte und mich nicht fürchten mußte. Dieser Überlebensmechanismus war für mich als Kind sehr nützlich, jetzt aber, wo ich erwachsen bin, erstickt er meinen Geist.

Mir wird klar, daß ich, um das Leben zu erfahren, voll präsent, bei der Sache sein muß. Statt das Leben aus der Ferne zu betrachten, muß ich Risiken eingehen, eine gewisse Exzentrik kultivieren und mich meinen Gefühlen gegenüber öffnen. Da ich nun meinem wahren Wesen allmählich näherkomme, wird mein Leben lebenswerter. Und ich kann stolz darauf sein.

Alles, was ich heute tue, ist wichtig, weil ich einen Tag meines Lebens darauf verwende. Heute will ich mich zur Aktivität bekennen. Ich will das Leben erfahren, indem ich meine Talente und Fähigkeiten zum Ausdruck bringe.

Ich entlaste mein inneres Kind von der Aufgabe, alles wissen zu müssen.

Mein inneres Kind hat einen Forschungsdrang. Das Fragenstellen gehört im starken Maße zum Heranwachsen. Was, wer, wann, warum, wie, wie lange? Jede Frage hat ihren Sinn. Vielleicht kann sie nicht immer beantwortet werden, aber Fragen sind der Anfang von Wissen und Weisheit.

Da ich in einem zerrütteten Elternhaus aufwuchs, mußte ich sehr vieles erraten. Fragen waren gefährlich, und so lernte ich, so wenig wie möglich zu fragen. In mir existiert noch immer ein Kind, das Angst hat, Fragen zu stellen. Ich schäme mich noch immer, wenn ich bei einer Diskussion nicht verstehe, worum es geht. Ich habe noch immer Angst, als dumm oder ungebildet bloßgestellt zu werden.

Heute will ich mich von der unmöglich zu bewältigenden Aufgabe entlasten, alles zu wissen. Ich will bei der Arbeit und zu Hause Fragen stellen und Informationen sammeln, statt Vermutungen anzustellen.

Heute will ich zu meinen eigenen Entschlüssen kommen.

Heute will ich mir bestätigen, daß ich in der Lage bin, selbst Entschlüsse zu fassen. Ich weiß, was ich tun will und kann entsprechende Schritte unternehmen. Ich kann mir eine Situation ganz ruhig anschauen, die Alternativen abwägen und den richtigen Weg wählen. Ich habe ein gesundes Urteilsvermögen.

Ich will mir keine Sorgen mehr darüber machen, ob ich das Richtige tue oder nicht, oder was die anderen über mich sagen oder denken werden. Ich muß mich nicht mehr zwanghaft mit dem Dilemma einer Entscheidung und mit der Frage beschäftigen, ob ich nun die absolut richtige Wahl treffe. Ich werde nicht mehr ewig darüber nachsinnen, ob die Entscheidung nicht vielleicht doch falsch war und eine Katastrophe heraufbeschwören wird. Heute will ich ganz einfach eine Wahl treffen – im Wissen, daß ich meine Entscheidung sorgfältig durchdacht habe.

Ich freue mich über meine Fähigkeit, ganz bewußt eine Entscheidung treffen zu können. Ich fühle, daß ich klar, kompetent und stark bin. Mit jeder Entscheidung wächst in mir die Zuversicht, daß die nächste leichter fallen wird.

Mein inneres Kind heilt, indem es trauert.

Heute will ich die Traurigkeit meines inneren Kindes akzeptieren. Mein inneres Kind gesundet, indem es trauert. Es hat deshalb gelegentlich Phasen von Melancholie. Ich habe keine Angst vor diesen Gefühlen, wenn sie kommen. Vielleicht weine ich, denn Tränen reinigen die Seele oft vom Bodensatz der Traurigkeit.

Als erwachsenes Kind stecke ich vielleicht immer in einer leichten Depression. Möglicherweise ist das ständig ein ›Loch‹ in mir, das durch nichts ganz gefüllt werden kann. Reife bedeutet, daß wir das Leben zu seinen Bedingungen akzeptieren – auch wenn dies beinhaltet, daß wir mit einem Gefühl von Verlust zu leben haben, ohne daraus den Schluß zu ziehen, daß mit mir etwas nicht ganz stimmt.

Meinem inneren Kind wurde gesagt, daß Traurigkeit nicht akzeptabel ist. Heute will ich ihm die Freiheit lassen, sich traurig zu fühlen. Und während es trauert, will ich es lieben und trösten. Trotz der Verluste von gestern hat dieser Tag mit all seinen prächtigen Farben der Hoffnung und des Versprechens seinen Glanz.

Ich erkenne meine dunkle Vergangenheit an und erschaffe mir eine leuchtende Zukunft.

Eine unsichtbare Hand zieht eine schwarze Decke über den Sommerhimmel – langsam, als tue sie es ungern, den Tag enden zu sehen. Winzige funkelnde Lichter blinken auf und verwandeln die Schwärze. Ich lehne mich zurück und bewundere diese kleinen glitzernden Löcher in der schwarzen Decke. Und immer wieder sehe ich etwas Neues. Ich werde von Gefühlen überschwemmt. Die Schönheit in dieser Einfachheit läßt mir manchmal Tränen übers Gesicht rinnen.

Meine Kindheit ist wie dieser Nachthimmel mit einer schwarzen Decke verhüllt. Kleine Löcher des Lichts bringen Schönheit in die Finsternis. Wunden aus der Vergangenheit können jetzt für etwas Positives genutzt werden. Ich kann auf andere, die ähnliche Wunden haben, zugehen und sie trösten, weil ich diese Gefühle kenne. Ich kann in mir Veränderungen bewirken, die ihrerseits wieder die Dynamik in meiner neuen Welt der Beziehungen verändern werden.

Diese Decke muß nicht immer dunkel bleiben. Heute will ich wunderschöne Lichtmuster für andere erschaffen, die sie sehen und schätzen können.

Heute will ich meine Sinne öffnen.

Heute ist ein Tag, um mich an meinem sinnlichen Wesen zu ergötzen. Heute nehme ich mit offenen, wachen, empfänglichen Sinnen am Leben teil.

Als ich in meiner von Alkoholsucht beherrschten Familie aufwuchs, mußte ich oft feststellen, daß meine Sicht verdunkelt, mein Gehör betäubt und mein Tastsinn taub wurde.

Heute will ich ganz besonders darauf achten, daß sich meine Augen für die Schönheiten der Natur öffnen – die freie Gestaltungskraft der Wolken, den Zauber der Bäume und Blätter. Ich sehe Farben, Formen und Schattierungen.

Ich höre Geräusche, das Gemurmel von Stimmen, Klänge von Musik, den stillen Hauch des Windes. Ich koste verschiedene Geschmacksrichtungen und genieße mein Essen, meine Nahrung. Ich berühre die, die mir nahestehen, mit Liebe und Sanftheit und werde von ihnen berührt. Ich liebe die Aura der Berührung, die Aura des Lebens.

Ich kann nein sagen.

Als Kind hatte ich Angst, nein zu sagen. Ich sah, daß meine Eltern ihre Liebe und Aufmerksamkeit von mir abzogen, wenn ich mich nicht fügte. Wenn Kinder zu mir sagten: »Wenn du dieses oder jenes nicht tust, bin ich nicht mehr dein Freund«, so glaubte ich ihnen aufs Wort. Mit der Zeit wuchs in mir der Groll, aber ich ließ weiterhin andere über meine Bedürfnisse bestimmen. Ich habe viel zu lange eingewilligt, unangenehme Dinge zu tun, nur weil ich Angst hatte, nicht geliebt zu werden.

Auf dem Weg zur Gesundung lasse ich mich nicht länger von Angst lähmen. Ich *kann* nein sagen. Ich glaube an meine eigene Weisheit, an meine eigenen Rechte, an meine Fähigkeit, die richtigen Entscheidungen für mich zu treffen. Ich weiß, daß ein Freund, der mich zu verlassen droht, wenn ich nicht einwillige, nie wirklich mein Freund war. Meine wirklichen Freunde unterstützen mich in meinem Recht, Entscheidungen zu treffen, die in meinem Interesse sind.

Ich finde zu meiner Integrität.

Das Kind in mir fragt: »Wer bin ich wirklich?«

In der Familie, aus der ich komme, spielte ich die unangemessene Rolle der Fürsorgerin. Als Kind konnte ich mich dieser Rolle nicht verweigern, aber innerlich fühlte ich mich hohl und unehrlich. Ich beobachtete auch, daß meine Eltern ihren Alkoholismus leugneten und ihre reale Situation in der Öffentlichkeit vertuschten. Zu Hause verhielten sie sich oft gewalttätig und launenhaft, und ich fühlte mich verwirrt und war wütend.

Heute finde ich zu meiner Integrität. Bei der Arbeit, zu Hause, in der Gemeinschaft von Freunden bin ich authentisch und in mir stimmig. Mein Gesundungsprozeß erlaubt mir, zwischen angemessenen Rollen und unaufrichtigem Verhalten zu unterscheiden.

Allmählich ersetze ich meinen Zynismus durch das Vertrauen in mein wahres Selbst.

Ich warte geduldig auf die Früchte meiner Selbstliebe.

Als ich fünf Jahre alt war, pflanzte ich meinen ersten Garten an. Ich steckte die Samen in den Boden, bedeckte sie mit Erde, bewässerte sie jeden Tag und wartete darauf, daß etwas wuchs. Schließlich wurde ich so ungeduldig, daß ich sie wieder ausgrub, um nachzusehen, was los war. Und da sah ich auf jedem Samen ganz winzig etwas Grünes sprießen.

Ich lernte, daß jeder Samen genau weiß, wieviel Zeit er braucht, um sich in der Erde zu verwurzeln. Unter der Erde verborgen wuchs ein jeder zu dem heran, was er werden sollte.

Heute lasse ich meine eigenen Samen der Veränderung still und unsichtbar wachsen. Ich wässere sie gut und gebe ihnen alle Nahrung, die sie brauchen. Ich bin geduldig, weil ich weiß, daß sie durch meine Fürsorge Wurzeln schlagen werden. Ich lasse sie in Frieden keimen, ohne sie zu stören, bis ich den ersten grünen Trieb triumphierend ans Licht drängen sehe. Und mit jedem ersten Aufblühen ernte ich die Früchte meiner Selbstliebe.

Ich webe das Muster meines Lebens.

Ich webe das Muster meines Lebens. Ich halte die Fäden, ich wähle die Farben, ich verwebe sie am Webstuhl zum Muster meiner Wahl.

Mache ich einen Fehler, so beschimpfe ich mich nicht als schlechte Weberin. Ich reiße nicht aus Wut und Frustration mein Werk heraus. Ich freue mich, weil jeder Fehler mir die Gelegenheit gibt, ein Muster zu erschaffen, das auf einzigartige Weise allein das meine ist – reich an den Wendungen und Drehungen meines Lebens.

Mein Werk wird nie beendet sein, sondern immer noch reicher und schöner werden.

Ich bin zufrieden, in meinem eigenen Tempo zu wachsen.

Manche Babys krabbeln schon, wenn sie fünf Monate alt sind. Manche krabbeln erst sehr viel später. Manche Babys sind sehr zierlich, andere sind stämmig. Manche sind ganz ruhig und damit zufrieden, nur ein paar Laute von sich zu geben. Andere sind aktiv und greifen ständig nach dem einen oder anderen Spielzeug. Wenn man sie läßt, wachsen Babys nach ihrem eigenen Tempo. Vergleiche sind unnötig, denn wenn sie Erwachsene sind, weiß kein Mensch, ob sie früh oder spät zu krabbeln anfingen, ob sie zierlich oder stämmig, still oder aktiv waren.

Auch ich kann in meinem eigenen Tempo wachsen, ohne mich mit anderen vergleichen zu müssen. Ich akzeptiere, daß es immer einige gibt, die schneller wachsen, und andere, die langsamer wachsen als ich. Wer und was ich bin, hängt nicht mehr von meiner Wachstumsgeschwindigkeit ab. Heute will ich weiterhin immer nur einen Schritt auf einmal tun und mich an dem Tempo freuen, das mein inneres Kind mir vorgibt.

Mein inneres Kind bestimmt über das Haus.

Im Haus meiner Kindheit war der Teppich im Wohnzimmer weiß, und alle Möbel waren mit Plastiküberzügen bedeckt, die nur entfernt wurden, wenn Besuch kam, Besuch von Erwachsenen. Meine rigiden und perfektionistischen Eltern machten deutlich, daß ich unter allen Umständen dem Wohnzimmer fernzubleiben hatte. Sie verlangten, daß ich mein Zimmer makellos in Ordnung hielt. Das Haus meiner Eltern war nur für Erwachsene da. Für mich war da kein Platz.

Heute bestimmt mein inneres Kind über das Haus. Es kann sich in jedem Zimmer aufhalten. Es hat seinen eigenen Raum, wo es tun kann, was es will. Es hilft auch, den Rest des Hauses in Ordnung zu halten, weil es den Frieden liebt, den die Ordnung mit sich bringt. Wir haben bequeme Möbel, die die Fehler von jung und alt nicht übelnehmen. Wir leben in Behaglichkeit und Harmonie zusammen. Wir gehören beide hierher.

Ich bin befähigt, die schmerzvollen Aspekte meines Lebens zu heilen.

Mein Leben als Kind war sehr schmerzlich. Um zu überleben, konstruierte ich mir eine Realität, die sich auf meinen Wünschen aufbaute. Nach einer Weile begann ich so zu leben, als ob meine Phantasie Wirklichkeit wäre. Dieses Leben in der Phantasie erlaubte mir, einige Wahrheiten meines Lebens zu verleugnen.

Jetzt ist es Zeit, mit diesen Vorspiegelungen aufzuhören. Ich weiß, daß ich, wenn ich weiterhin so tue, als ob die Dinge besser oder anders wären, als sie sind, nie meinen Schmerz auflösen kann. Wenn ich in der Phantasie lebe, zögere ich meine Trauer nur hinaus. Solange ich in meinen Erwartungen statt in meiner Realität lebe, werde ich weiterhin immer wieder Schmerz erleben.

Ich bin jetzt stark genug, um den Unterschied zwischen Phantasie und Realität zu akzeptieren. Ich kann meinen Schmerz aus meiner Vergangenheit und in meiner Gegenwart anerkennen und mich mit ihm auseinandersetzen. Die Annahme meiner Realität befähigt mich, die schmerzvollen Aspekte meines Lebens zu heilen.

Ich will den Druck von mir nehmen.

»Tu mehr! Leiste mehr!« Diese Botschaften aus meiner Kindheit haben mich mein ganzes Leben lang angetrieben. Als Kind konnte ich nie genug tun, um meine Eltern zufriedenzustellen. Der von ihnen gesetzte Standard war immer höher als der, den ich bereits erreicht hatte. Im Kern besagten diese Botschaften, daß ich so, wie ich war, nicht gut genug war. Ich mußte mehr tun und mehr sein, um akzeptiert werden zu können. Doch heute steht niemand über mir und verlangt, daß ich mehr tue. Der Druck, unter dem ich stehe, ist ein Druck, den ich mir selbst auferlege.

Heute will ich diesen finsteren Kreislauf durchbrechen, bevor ich wie der überlastete Motor eines Rennwagens explodiere. Ich will meinem inneren Kind versichern, daß es wunderbar ist, so wie es ist; es muß niemandem mehr etwas beweisen. Heute will ich den Druck von mir nehmen und mir die wunderbare Tatsache bewußt machen, daß ich ein freier Mensch bin, keine Maschine.

Heute will ich mir die Freiheit lassen, einfach zu sein.

Schau dir die wilden Blumen an. Sie arbeiten nicht hart daran, schön zu sein. Sie bemühen sich nicht um einen Platz auf der Wiese oder dem Hügel. Sie sind einfach. Mein inneres Kind muß für sein Sein, nicht nur für sein Tun geschätzt werden.

Ich habe einen Großteil meines Lebens mit geschäftiger Vorbereitung verbracht. Dieser ganze Wirbel zielte darauf ab, mich in Bewegung zu halten, mich vor dem Versagen zu bewahren, vielleicht auch, mich vom Erinnern und Fühlen abzuhalten. Wenigstens eine Stunde lang will ich heute die wilden Blumen betrachten. Vielleicht lege ich mich auf eine Wiese oder auf einen Hügel oder mit einem Buch in meinen Garten. Dann will ich mir erlauben, wie eine wilde Blume zu sein. Nach nichts streben, kein hektisches Getue, nur sein. Wenn dieses Sein Erinnerungen an schmerzliche Gefühle heraufbeschwört, dann können diese Gefühle mir einen Besuch abstatten, aber ich werde nicht zulassen, daß sie bleiben und die Blumen vernichten.

Heute will ich mir die Freiheit lassen, das beste der mir von Gott gegebenen Geschenke zu sein: nämlich *ich selbst.*

Ich lasse zu,
daß mein Vertrauen allmählich wächst.

Als ich ein Kind war, stritten sich meine Eltern Tag für Tag. Ich hörte sie schreien und sich beschimpfen, fing ihre bösen Blicke auf und war Zeuge, wie ihre Ehe ein Ende nahm.

Die Ehe meiner Eltern, die sich nicht vertrauten, ist die einzige Beziehung, die ich mir je zu Herzen nahm. Als Erwachsener habe ich jetzt kein Vertrauen in irgendeine Art von Liebesbeziehung.

Heute will ich auf einer neuen geistigen Grundlage, die sich mit jedem Tag erweitert, einen Neuanfang machen. Ich will nicht ziellos und um jeden Preis in irgendeine Beziehung springen. Ich will mich darauf konzentrieren, ganz allmählich einen neuen und besonderen Freund oder eine Freundin kennenzulernen. Ich schenke noch nicht gleich mein ganzes Vertrauen, sondern lasse mein Vertrauen und das Vertrauen zwischen uns allmählich mit der Freundschaft wachsen. Auf diese Weise stürze ich mich nicht in die Liebe, sondern wachse vielleicht in sie hinein.

Ich kann mir Regeln aussuchen, die mein Leben verbessern.

Als ich ein Kind war, stellten andere die Regeln für mich auf. Meine Lehrer sagten mir, wann ich aufzustehen, wann ich mich zu setzen und wann ich meine Schularbeiten zu machen hatte. Meine Eltern sagten mir, wann ich schlafen, wann ich essen und wann ich spielen sollte.

Heute will ich die Regeln, die mein Leben bestimmen, sorgfältig überprüfen. Wenn sie taugen, kann ich mich dazu entschließen, sie beizubehalten. Wenn nicht, kann ich sie aufgeben oder ändern. Ich muß nicht länger meinen Eltern gehorchen.

Ich will mir meine eigenen Regeln nach folgendem Kriterium schaffen: Verbessert die Regel oder Richtlinie mein Leben und läßt sie mich zu einem kreativen und erfüllteren Menschen werden? Oder beengt sie mein Leben und bindet sie mich an die Vergangenheit?

Heute will ich alle aus meiner Vergangenheit übernommenen Regeln abschaffen und mir Richtlinien setzen, mit denen ich mich wohl fühlen kann.

Ich erkenne meine Begabungen an.

Mein inneres Kind ist begabt und kreativ. Ich akzeptiere meine Talente als Geschenke meiner höheren Macht und nutze meine Kreativität.

In meinem zerrütteten Elternhaus wurden meine Begabungen nicht anerkannt oder als etwas geheimgehalten, dessen man sich schämen mußte. Meine kreative Energie wurde nur genutzt, um den Bedürfnissen meiner Eltern zu dienen.

Heute will ich meine Kreativität für mich in Anspruch nehmen – im Wissen, daß meine Begabungen mir gehören. Sie wurden mir gegeben, damit ich meine Wünsche und Ziele in dieser Welt verwirklichen kann. In meiner Kreativität kommt das Göttliche in mir zum Ausdruck.

Wenn ich meine Umwelt an meiner Kreativität teilhaben lasse, fließt mir Energie zu. Ich freue mich an diesem schöpferischen Funken, der vom Geist meines inneren Kindes entzündet wird.

Ich respektiere die Weisheit des Geistes meines inneren Kindes.

Der Geist meines inneren Kindes läßt einen Drachen steigen. Um aufsteigen zu können, braucht der Drache den Wind. Ist es windstill, dann kann ich rennen und rennen, er wird sich nicht erheben. Weht aber nur eine kleine Brise, dann ist er sofort in der Luft.

Inzwischen habe ich viel Erfahrung mit den Drachen gesammelt. An windstillen Tagen vergeude ich nicht mehr meine Zeit, indem ich im Kreis herumrenne, sondern sitze ruhig da und genieße die Stille. Spüre ich, daß Wind aufkommt, dann bin ich bereit. Ich lasse etwas Schnur abrollen, und der Drache klettert höher und höher, bis er fast außer Sichtweite ist. Ich spiele mit der Balance. Lasse ich die Schnur zu locker, entflieht mir der Drache auf Nimmerwiedersehen. Ziehe ich zu stark an, stürzt er ab. Lasse ich etwas Spannung in der Schnur, dann steigt der Drache empor, gleitet dahin und macht Purzelbäume, bis ich ihn wieder zurückhole.

Mein inneres Kind weiß von Natur aus um die Balance zwischen Festhalten und Loslassen. Ich weiß, daß ich beides lernen muß, um gesunde intime Beziehungen eingehen zu können. Heute will ich mich an das Gefühl des Spiels mit dem Drachen erinnern. Ich will die Weisheit meines inneren Kindes respektieren.

Heute will ich den Regeln der natürlichen Ordnung folgen.

Die Welt ist ein ordentlicher Ort. Der Tag folgt der Nacht, und eine Jahreszeit löst die andere ab. Jedes Lebewesen existiert nach den Regeln einer natürlichen Ordnung.

Die Natur sendet Signale aus, mit deren Hilfe alle Lebewesen die Überlebensregeln befolgen können. Im Frühling ›lesen‹ die Blätter ein Lichtsignal, das der Pflanze mitteilt, daß sie nun aufblühen kann. Manchmal schickt die Natur auch mehr als ein Signal, so daß etwa eine Pflanze trotz eines warmen Herbsttages nicht mehr austreibt, weil der Winterfrost bald einsetzen wird.

Als Kind lernte ich nicht, die Signale meiner körperlichen Bedürfnisse zu lesen. Ich lernte nicht, Hunger oder Müdigkeit zu fühlen, und aß und schlief nicht zu den richtigen Zeiten.

Auf dem Weg zur Gesundung lerne ich, meine Körpersignale richtig zu verstehen. Ich reagiere rechtzeitig und warte nicht ab, bis mich ein nagendes Hungergefühl oder extreme Müdigkeit überfallen. Heute will ich den Tag meinen Körperbedürfnissen widmen, ich will den Regeln der natürlichen Ordnung folgen.

Ich kann sein, wer ich bin, ohne irgendein Schamgefühl zu empfinden.

Heute soll mein äußeres Selbst mein inneres widerspiegeln – ein aufregendes Gefühl von Freiheit. Ich kann ohne das leiseste Schamgefühl in der Gegenwart von anderen ich selbst sein, denn ich bin ein wunderbarer Mensch.

Das verwundete Kind in mir hat eine Todesangst davor, sein wirkliches Wesen zu enthüllen. Botschaften in seiner Kindheit, die es beschämten, terrorisieren es auch heute noch: »Du taugst nichts! Du bist zu nichts gut!« Es ist überzeugt, daß es abgelehnt würde, wenn jemand seine wahre Persönlichkeit entdeckte.

Als Erwachsener auf dem Weg zur Gesundung wird mir nun klar, daß meine Ängste der realen Grundlage entbehren. Ich habe mir Freunde ausgesucht, die mein wahres Ich kennen und mich dennoch lieben und akzeptieren.

Heute will ich diese zeitverschlingende Sucht aufgeben, die mich ein falsches Bild schaffen läßt. Ich liebe die Person, die ich bin, und heute lebe ich diese Person, ohne irgendein Schamgefühl zu empfinden.

Heute will ich lachen.

Ich nehme das Leben oft zu ernst. In meiner Kindheit gab es nicht viel zu lachen. Das Elend ist mir so bequem, daß ich mir oft eine Krise schaffe, wo gar keine ist.

Heute will ich mich auf das Lachen konzentrieren. Vielleicht leihe ich mir einen lustigen Videofilm aus und lade einen unbeschwerten Freund ein, ihn sich mit mir anzusehen.

Das Lachen bedeutet nicht, daß ich meine schmerzvolle Vergangenheit leugne. Es bedeutet, daß ich die Zukunft in einer neuen Perspektive sehe und verstehe, daß ich die Wahl habe, ob ich glücklich oder unglücklich sein will. Heute lasse ich mein inneres glückliches Kind zum Vorschein kommen, damit es meinen spielerischen Geist wiederbelebt. Meine Vergangenheit mag auf meine Zukunft Einfluß haben, aber sie bestimmt sie nicht.

Die Entscheidungen, die ich heute treffe, werden meine Zukunft bestimmen. Und heute treffe ich die Wahl zu lachen.

Ich achte auf meine Gefühle.

Ich muß auf meine Gefühle achten, statt mich von ihnen abzuschneiden. Es ist wichtig, daß ich meine Gefühle ernst nehme. Bin ich traurig? Glücklich? Sehne ich mich nach etwas? Bin ich wütend?

Als Kind wurde ich gelehrt, meine Gefühle zu unterdrücken. Meine Wut war schlecht, jemand könnte sich durch sie verletzt fühlen. Auch sollte ich nicht allzu glücklich sein, es könnte zu Enttäuschungen führen. Sei nicht traurig, denk an was Nettes. Da ich ständig mit der Botschaft der Verleugnung meiner Gefühle konfrontiert wurde, fand ich es schließlich leichter und sicherer, sie auszuschalten, statt sie zu durchleuchten.

Jetzt gibt es einen großen Bereich in mir, den ich nicht kenne oder verstehe. Es wird mir helfen, den Zugang dazu zu finden, wenn ich auf meine Gefühle achte.

Meine Gefühle sind fließend und führen mich nach innen zur Quelle meiner Weisheit und Macht.

Ich entdecke meine Leidenschaft fürs Lernen.

Als Kind bedeutete für mich der Monat September, daß die Schule wieder anfing. Zwar freute ich mich immer, all meine Freunde wiederzusehen, aber ich fürchtete die engen Mauern, die mich ganze neun Monate im Jahr einsperrten. Stunden um Stunden hörte ich mir den Unterricht der Lehrer an. Ich sehnte mich danach, rauszugehen und meine Welt zu erforschen – zu sehen, zu berühren, zu riechen und mit meiner Umwelt zu experimentieren. Meine Liebe zum Lernen wurde immer geringer, und allmählich war für mich Lernen gleichbedeutend mit Langeweile.

Jetzt, da ich erwachsen bin, ist es Zeit, meine Überzeugungen zu ändern. Ich verstehe, daß die schmerzlichen Erfahrungen in der Schule zu einem gestörten Selbstwertgefühl führen können, das ein Leben lang anhält. Daß ich andere Lernmethoden habe als andere, heißt noch nicht, daß ich dumm bin. Heute will ich etwas Neues über die Welt lernen – und ich will es auf meine Weise lernen. Ich will ein Museum besuchen, ein Buch lesen, eine Tonbandkassette hören oder mich mit Freunden unterhalten. Mein inneres Kind ist voller Neugier, und ich entdecke meine Leidenschaft fürs Leben.

Ich bitte um Hilfe, wenn ich sie brauche.

Als ich etwa fünf Jahre alt war, entschied ich, daß die Bitte um Hilfe etwas sehr Kindisches und ein Zeichen von Schwäche sei. Ich glaubte, alles allein herausfinden zu müssen. Ich wollte nicht, daß ich etwa für nicht intelligent oder unkreativ gehalten würde. Folglich gab es eine Menge Dinge, die ich gar nicht, nur halb oder falsch lernte.

Jetzt weiß ich, daß weder mein inneres Kind noch ich alle Antworten parat haben können. Heute will ich meine Spuren zurückverfolgen und herausfinden, was ich wissen muß. Dann will ich mir Menschen suchen, die mir helfen können. Wenn wir zusammenarbeiten, werden wir die Antworten sehr viel sicherer und rascher finden, als ich es allein könnte.

Ich akzeptiere meine Autorität und die Autorität anderer.

Als erwachsenes Kind verursacht mir meine Autorität oft Unbehagen, oder ich reagiere auf die legitime Autorität anderer in negativer Weise. In einer nicht funktionierenden Familie basiert die Autorität nicht auf rationalen Gründen oder vernünftigen Handlungen. Meine Eltern verwechselten Macht mit Kontrolle, und ihr Selbstwertgefühl gründete sich auf meinen Gehorsam und meine Zustimmung.

Auf dem Weg zur Gesundung erkenne ich mein Recht auf Autorität über meine Gedanken und Handlungen an. Ich erfülle auf verantwortliche Weise meine Elternrolle und meine Rolle im Beruf, und ich übe mich in Distanz, indem ich zwischen meinem Verantwortungsbereich und dem Verantwortungsbereich anderer trenne. Heute akzeptiere ich meine Autorität und die legitime Autorität anderer.

Ich bin innerlich stark.

Als ich sehr klein war, jagte mir das Leben Angst ein. ich konnte mich nur schützen, indem ich Mauern um mich errichtete – Mauern vor dem Zorn meiner Eltern, vor den Hänseleien der Freunde, vor den unbekannten Schrecken, die die Welt für ein kleines Kind bereithält. Innerhalb dieser Mauern fühlte ich mich sicher. So lernte ich, in diesem winzigen, eingeengten, luftleeren Raum zu leben.

So lange lebte ich in diesen Mauern, daß ich den Grund für ihre Existenz vergaß, und auch, daß ich es ja war, der sie errichtet hatte.

Jetzt weiß ich, daß ich diesen künstlichen Panzer nicht mehr brauche, weil ich innerlich stark bin. Ich kann dieses kleine Kind, das sich vor Angst duckt und zusammenkauert, nicht mehr sehen. Vielmehr sehe ich, wie sich dieses Kind befreit und von innen her Stärke ausstrahlt. Ich setze meinen Mut und meine Stärke ein und sehe, wie meine Mauern nach und nach zusammenfallen.

Ich kann mir das Lügen abgewöhnen.

Heute will ich mein Netz unnötiger Lügen hinter mir lassen, das sich in den Stoff meines Lebens eingewoben hat.

Als Kind gehörte das Lügen zu meinem Leben. Ich belog meine Freunde, um meine Scham über meine zerrüttete Familie zu verbergen. Ich belog meine Eltern, um mich vor ihrer Wut und Mißbilligung zu schützen. Schlimmer noch, ich lernte, mich selbst zu belügen – was meine Kindheit angeht.

Lügen wurde zur Gewohnheit. Manche Lügen wirkten sich auf mich zerstörerisch aus, da ich sie benutzte, um eine Festung der Verdrängung um mich aufzubauen. Andere Lügen waren ganz einfach unnötig, aus der Gewohnheit geboren.

Diese Gewohnheit muß ich nun durchbrechen, weil sie mich an meiner Genesung hindert. Indem ich die Wahrheit akzeptiere und spreche, kann ich mein inneres Kind vom Schamgefühl befreien, das es empfindet, weil es um des Überlebens willen zum Lügen gezwungen war. Heute will ich mich selbst befreien, indem ich mit anderen und mit mir selbst ehrlich bin.

Heute will ich als Akt der Selbstliebe meinen Körper trainieren.

Heute will ich meinem Körper das an Training zukommen lassen, was er braucht, um stark, flexibel und gesund zu sein.

In meinem Elternhaus lehrte mich niemand, meinen Körper anzunehmen. Er war entweder unansehnlich oder zu ignorieren oder nur ein Instrument, das zur Verführung benutzt wurde, zur Manipulation oder um etwas durchzusetzen. Der Gedanke, mich um meinen Körper zu kümmern, war mir völlig fremd. Tatsächlich mußte ich, um zu überleben, die meisten Zeichen, die mir mein Körper gab, ignorieren. Als Erwachsener flüchte ich noch immer vor meinem Körper, indem ich mich nicht um ihn kümmere. Ich setze Fett an oder lasse ihn schier verhungern. Körperübungen sind ein Weg, um den physischen Anteil in mir wieder spüren zu können.

Heute will ich als Akt der Selbstliebe meinen Körper trainieren. Und da ich meinen Körper zu schätzen gelernt habe, will ich dabei nicht zwanghaft sein oder ihn über seine Grenzen hinaus belasten. Ich werde mit einer sanften Übung beginnen, die den ganzen Körper erfaßt und mich tief entspannt und voller Vitalität entläßt.

Ich kann um liebende Zuwendung bitten, ohne sexuell provokant zu sein.

Ich kann um liebende Zuwendung bitten, ohne sexuell provokant zu sein. Mein Bedürfnis nach Liebe und Wärme ist nicht an meine sexuellen Wünsche gebunden. Ich muß nicht mit Leuten ins Bett gehen, damit sie zu meinen Freunden werden. Ich habe ein Recht darauf, in den Arm genommen zu werden und Zuwendung zu erfahren, ohne dafür mit Sex ›bezahlen‹ zu müssen.

In der Vergangenheit schien ich ohne sexuelle Aktivitäten nie jemandem nahekommen zu können. Umarmungen und Küsse bedeuteten automatisch Sex, und ich ging darauf ein, weil ich nicht wußte, wie ich sonst zu dem kommen konnte, was ich brauchte. Die Leere, die ich in mir spürte, milderte sich zeitweilig durch diese sexuellen Begegnungen. Aber schließlich empfand ich dann immer Scham und Unzufriedenheit.

Heute kann ich den Sex als Lockmittel aufgeben und um das bitten, was ich wirklich brauche: Liebe, Zuneigung, Wärme, Nähe. Ich verdiene es, bedingungslos geliebt zu werden.

Ich lasse zu, daß ich geheilt werde.

Ich lasse es zu, daß ich geheilt werde, wenn ich verletzt bin und Schmerzen leide. Ich muß nicht länger leiden. Leiden ist *nicht* gut für die Seele. Ich muß nicht nach Sympathie heischend allen meine Narben zeigen und sie als Entschuldigung für mein Verhalten anführen.

Ich öffne mich dem Gedanken der Heilung, und seine Macht begleitet mich überallhin. Wenn ich ein Glas Wasser trinke, dann sage ich: »Möge der heilende Geist dieses Wassers meinen Körper von Unreinheiten reinigen.« Mache ich am Morgen meinen ersten tiefen Atemzug, dann sage ich: »Ich atme die heilende Energie des Morgens ein und die Negativität von gestern aus.« Nehme ich ein Bad, so tauche ich in die heilende Energie des Wassers ein und lasse es alle Unreinheiten des Körpers, des Geistes und der Seele wegwaschen.

Heute will ich mir die Möglichkeit geben, geheilt zu werden.

Heute will ich selbst der Anführer in meinem Leben sein.

Heute will ich mich wissen lassen, was mich glücklich macht.

In der Schule gehörte ich immer zu denen, die folgen, nie zu den Anführern. Ich fühlte mich sicher, wenn ich das tat, was alle tun wollten. Ich fragte mich nie, was *ich* wollte. Es war eine Erleichterung, wenn andere die Entscheidungen für mich trafen. Ich dachte, ich würde sie glücklich machen, wenn ich ihren Plänen zustimmte.

So wurde ich zu einer Erwachsenen, die das Leben anderer lebte. Weil ich mich nie selbst nach meinen Bedürfnissen fragte, leugnete ich, daß ich überhaupt welche hatte.

Heute will ich mein inneres Kind die Anführerin sein lassen. Ich weiß, daß ich die Antworten auf meine Fragen habe: Was will ich heute tun? Was muß ich für mich tun? Was brauche ich von meiner Familie und meinen Freunden? Heute will ich mein eigenes Leben führen.

Ich kann die Tyrannen in meinem Leben auf Normalgröße schrumpfen lassen.

Heute will ich mich weigern, mich klein und ohnmächtig zu fühlen, wenn ich mich mit Tyrannen konfrontiert sehe, die mich niederdrücken wollen.

In meinem zerrütteten Elternhaus fühlte ich mich ohnmächtig. Die Bedürfnisse meiner Eltern kamen an erster Stelle, die meinen an letzter. Ich fühlte mich von ihren Drohungen oder ihrer manipulativen, an Bedingungen geknüpften Liebe beherrscht. Allmählich kam ich zu der Überzeugung, daß ich keine eigene Macht hatte.

Jetzt weiß ich, daß ich, wenn auch das Kind in mir klein geblieben ist, erwachsen bin. Durch das Geben und Nehmen des Erwachsenenlebens habe ich gelernt, daß ich machtvoll bin und daß meine Bedürfnisse wichtig sind.

Wenn mich jemand beherrschen oder mißhandeln will, beschwöre ich meine Macht und meinen Mut herauf. Heute will ich mich durch ein beherrschendes oder beleidigendes Verhalten nicht einschüchtern lassen.

Heute will ich die Richtung meines Lebens bestimmen.

Heute will ich die Richtung meines Lebens bestimmen. Ich will mir eine gute Landkarte und einen Kompaß besorgen, die mir die richtige Richtung weisen, und ich will mir gute Weggefährten suchen. Ich schaue mir die Karte meines Lebens an und entscheide, wohin ich gehen will, oder ich erkunde ganz einfach alle Wege, die mir offenstehen.

Ich habe mich nicht länger in meinem dunklen Märchenwald verirrt, in dem Wölfe und Hexen darauf lauern, mich einzufangen. Als der jüngste Sohn bin ich zum Aufbruch bereit. Ich habe meinen Kuchen, der mich nährt, und ich kann andere finden, die ihn mit mir teilen. Ich habe Verstand und Mut, um mich über Wasser halten zu können. Ich weiß nicht, wo ich schließlich enden werde, aber ich weiß, daß meine Reise ein wunderbares Abenteuer werden wird.

Heute will ich mich über meine Begabung freuen.

Manche Menschen sind begabter als andere. Zu oft schaue ich auf die, die talentierter sind als ich, und messe ihnen einen höheren Wert zu. Statt mich selbst als begabt zu betrachten, sehe ich meine Beschränktheit. In meinem Elternhaus verglich man mich oft auf unvorteilhafte Weise mit anderen. Als Kind strengte ich mich übermäßig an und arbeitete endlos daran, etwas zu sein, was ich nicht war.

Heute werfe ich einen Blick auf die Musiker eines Symphonieorchesters. Dort spielen viele Cellisten, viele Flötisten, viele Violinisten. Die einen spielen ihr Instrument mit mehr Anmut und Präzision als andere, doch alle werden gebraucht.

Heute will ich mich an meiner Begabung erfreuen. Ich will andere mit ihren Talenten wertschätzen, ohne mich und meine Talente abzuwerten.

Ich äußere meine Emotionen freimütig.

Manchmal quengelt mein inneres Kind. Dieses endlose Gejammer macht mich verrückt. Es erinnert mich an den hohen quietschenden Ton, der entsteht, wenn die Luft ganz langsam aus einem Luftballon entweicht. Ich glaube, dieses Geräusch ist der Ton von Wut, wenn sie sich nicht frei äußern darf. Auch wenn das Quengeln und Greinen schließlich ein wenig nachläßt, bleibt doch noch genug Wut zurück, um Anlaß zu erneutem Gejammer zu geben.

Heute will ich mein inneres Kind an den Luftballon erinnern. »Schau zu«, sagte ich, »blase einen Luftballon so weit auf, wie es geht, und lasse ihn dann los.« Der Luftballon saust für einen Moment wie verrückt im Zimmer herum und fällt dann zu Boden – die Energie ist raus.

»Versuch es so zu machen wie dieser Ballon«, sage ich zu meinem inneren Kind. »Hab keine Angst, deine Wut rauszulassen. Vielleicht saust du einen Augenblick lang im Zimmer herum, aber dann legt sich deine Wut, und du kannst dich ausruhen.«

Heute will ich dem Genie meines inneren Kindes applaudieren.

Meine Intelligenz scheint hell in mir und strahlt auf meine Umwelt aus.

Als Kind, das in einer zerrütteten Familie aufwuchs, hatte ich nicht die Energie, um klar denken oder meine Interessen verfolgen zu können. Ich verwandte meine Intelligenz auf das Ausklügeln von Überlebensstrategien und entwickelte meinen Verstand bei dem Versuch, mich an die irrationalen Verhaltensweisen in meiner Familie anzupassen.

Als Teil meines Gesundungsprozesses will ich neue Interessen entdecken und meine Energie zur Verfolgung dieser Interessen freisetzen. Vielleicht verbringe ich einen ganzen Tag in der Bibliothek und suche mir Bücher aus über Pflanzen, Mode, Astrophysik, Popmusik oder Autoreparatur. Vielleicht schreibe ich mich auch für einen Volkshochschulkurs ein oder arbeite freiwillig bei einem Nachbarschaftsprojekt mit.

Heute will ich meine Verstandeskräfte für meine Genesung einsetzen. Ich will der Neugier und dem Genie meines inneren Kindes applaudieren.

Ich bin offen für die Schönheit, die mich umgibt.

Die Sanftheit möge heute mein Leben prägen. Ich lege meine Schutzhülle ab, meine Muskeln lockern sich, und ich werde weniger starr, weniger spröde.

Ich kann leichter lächeln, wenn ich mich in Harmonie mit der Natur bewege. Mein Geist fließt von Augenblick zu Augenblick. Wenn ich mit mir sanft und zärtlich bin, werde ich mir der Sanftheit in anderen bewußt.

Wie ein Kleinkind, das zum ersten Mal die Welt erforscht, freue ich mich an allem, was um mich herum existiert. Alle Dinge werden neu. Ich strecke die Hand aus, um die Rinde eines Baumes zu berühren, das Fell der Katze des Nachbarn, das Gesicht eines Freundes. Ich bin vom sanften Luftstrom berührt. Ich lausche auf zarte Laute und freue mich an feinen Geschmacks- und Geruchsnuancen.

Das Hier und Jetzt ist meine Gegenwart. Schmerzen und Ängste aus der Vergangenheit sind beiseite geschoben. Freudig breite ich die Arme aus für die Schönheit, die mich jeden Augenblick umgibt.

Ich lasse mein inneres Kind es selbst sein.

Als ich ein Kind war, versuchte ich, andere zu erfreuen, indem ich mich genau auf ihre Erwartungen einstellte. Ich wollte genau den Vorstellungen entsprechen, die sie von mir hatten. Ich konnte mich wie ein Chamäleon verändern, je nachdem, mit wem ich zusammen war und was sie meiner Vermutung nach am meisten schätzten. Ich war auf diese Fähigkeit stolz, aber sie jagte mir auch Schrecken ein. Ich wußte nicht, wer ich wirklich war oder ob überhaupt irgend jemand in mir existierte.

Heute lasse ich mein inneres Kind es selbst sein. Ich respektiere seine Individualität, seine Wünsche und Bedürfnisse, Ideen, Ziele und seine Grenzen. Ich will ihm erlauben und es dazu ermuntern, nach innen zu sehen und seine Einzigartigkeit zu entdecken und zu respektieren. Es ist nicht mehr für andere unsichtbar. Es ist eine eigenständige reale Person. Ich freue mich sehr, seine Bekanntschaft zu machen, und vertraue darauf, daß andere es genauso respektieren werden wie ich.

Ich mache aus jeder Gelegenheit das Beste.

Eine neue Tür öffnet sich ganz unerwartet in meinem Leben. Sie führt zu Perspektiven und Möglichkeiten, die ich vorher nie in Betracht gezogen habe. Obwohl die Tür offen ist, zögere ich noch. Wenn ich sie durchschreite, könnte das mein ganzes Leben verändern. Es könnte in einer Katastrophe enden. Es könnte auch Abenteuer bedeuten.

In meiner Kindheit war nie etwas vorhersehbar, und deshalb fürchtete ich mich vor Veränderungen. Es war mir ein Bedürfnis, daß alles immer gleich blieb. Ich wollte meine Augen schließen und an den offenen Türen der Gelegenheit vorbeirennen.

Heute sollen mich die Erfahrungen meiner Kindheit nicht mehr für die Möglichkeiten des Lebens blind machen. Das Kleinkind in mir soll erforschen können, was hinter dieser Tür ist. Ich will das Beste aus jeder sich mir bietenden Gelegenheit machen. Es könnte sich herausstellen, daß die Tür genau dort hinführt, wo ich immer hinwollte.

Ich schaffe mir meine eigenen Regeln.

Meine Werte bilden die Grundlage für gesunde Entscheidungen. Ich lerne den Unterschied zwischen der Anpassung an die Erwartungen anderer Menschen, um mich akzeptiert zu fühlen, und dem Experimentieren mit verschiedenen Regeln, um herauszufinden, was für mich taugt.

In meinem Erwachsenendasein hatte ich oftmals das Gefühl, nie aus der Pubertät herausgekommen zu sein. Wenn ich mit mir fremden gesellschaftlichen oder beruflichen Situationen konfrontiert bin, werde ich linkisch und unsicher. Manchmal fühle ich mich beschämt und meine, daß alle diese Regeln kennen, außer mir.

Auf dem Weg zur Genesung schaffe ich mir meine eigenen Werte. Ich habe das Recht, mir die Arbeit und die Freunde zu wählen, die meinen Wertvorstellungen entsprechen. Wenn ich mir in irgendeiner Situation über die Regeln nicht sicher bin, kann ich Fragen stellen oder neue Regeln aufstellen.

Heute will ich mir Regeln schaffen, die für mich gelten.

Heute will ich mein inneres Kind trösten.

Als Kind fürchtete ich mich vor Gewittern und Schneestürmen. Oft war niemand da, um mich zu beruhigen. Ich wurde entweder ausgelacht, weil ich Angst hatte, oder durch Essen abgelenkt, damit ich ruhig war. In mir existiert noch immer ein kleines, verängstigtes Kind, das in Panik gerät, wenn es stürmt, ein Kind, das getröstet und beruhigt werden muß.

Heute will ich mein inneres Kind daran erinnern, daß mir Gott in den Unwettern nur in anderer Gestalt erscheint. Im Geiste will ich mein Kind sanft in den Armen halten und ihm versichern, daß der Blitz es nicht erschlagen wird, daß es nicht dafür bestraft wird, weil es kein braves Kind war.

Ich lerne, für mein inneres Kind eine fürsorgliche Mutter und ein guter Vater zu sein.

Ich will mich für meine Rechte einsetzen.

Ich muß mich nicht in der Falle fühlen – nicht in Beziehungen, nicht in meinem Beruf oder in irgendeiner anderen Lebenssituation. Mir wurden alle nötigen Fähigkeiten für ein freudvolles Leben mitgegeben.

Als ich ein Kind war, zählten meine Bedürfnisse nicht. Ich stopfte meine Gefühle und Wünsche in mich hinein und sprach nicht darüber. Als Kind war ich in einer destruktiven Situation gefangen, und als Erwachsene fühle ich mich noch immer in der Falle. Und doch habe ich erkannt, daß dieses Gefühl dem Wunsch entspringt, jegliche Konfrontation zu vermeiden. Mein inneres Kind hat Angst, daß es verlassen wird, wenn es seine Bedürfnisse direkt äußert. Die Folge war, daß ich in selbstzerstörerischen Situationen verharrte.

Heute will ich aus diesem Kreislauf ausbrechen. Ich brauche nicht weniger als das Beste für mich zu akzeptieren. Ich verdiene es, mit Respekt behandelt zu werden. Eine Welle der Erleichterung durchströmt mich, da ich nun anfange, mein Schicksal selbst in die Hand zu nehmen.

Ich bin ein sexuelles Wesen.

Ich bin ein sexuelles Wesen. Ich habe das Recht, meiner Sexualität Ausdruck zu verleihen und sie zu erforschen. Ich fühle, wie die feurige sexuelle Energie mich erwärmt und stärkt. Ich muß die Sexualität meines Körpers nicht länger durch lockere Kleidung verstecken oder sie in allzu enger Kleidung zur Schau stellen oder mich gar ihrer Existenz schämen.

Ich strahle Sexualität aus. Ich bin mir ihrer Macht bewußt und setze diese Macht liebevoll und respektvoll ein.

Meine Sexualität verbindet mich mit der Essenz allen Lebens: der Zeugungskraft der Erde selbst.

Ich überwinde mein Lobdefizit.

Wie ein Marathonläufer nach Meilen der Anstrengung ein Sauerstoffdefizit erleidet, habe ich in den Jahren meines Aufwachsens ein Lobdefizit zu verzeichnen. Ich sehnte mich danach, daß mir Wertschätzung entgegengebracht wurde. Aber da ich von meinen Eltern so wenig Anerkennung erfuhr, begann ich mich zu fragen, ob ich überhaupt ein guter und lobenswerter Mensch sei.

In meinem Erwachsenenleben war ich bestrebt, mein Lobdefizit durch das Einheimsen von Komplimenten aufzufüllen. Ab und zu brachte ich andere dazu, mich zu loben, indem ich eine falsche Bescheidenheit heuchelte.

Heute will ich diese unehrlichen Wege zur Auffüllung meines Lobdefizits aufgeben. Ich will positive innere Selbstgespräche führen. Ich will ein Tagebuch führen, in dem ich meine täglichen Triumphe, die kleinen und die großen, eintrage.

Heute will ich mein Bedürfnis nach Lob erfüllen, ohne Zuflucht zur Manipulation zu nehmen.

Heute will ich wieder anfangen zu träumen.

Ein achtjähriges Kind sitzt in der Schule und starrt aus dem Fenster. Wieder einmal ist es beim Tagträumen. Vielleicht kommt Papa heute nach Hause und ist glücklich, und wir haben Spaß wie früher. Aber jedesmal wird es enttäuscht.

Träume sterben oft schon früh in Familien, in denen die Alkoholsucht versteckt wird. Ich habe schon vor vielen Jahren aufgehört zu träumen, denn meine Träume wurden nie wahr. Im allgemeinen trat genau das Gegenteil ein. Ich wurde ausgelacht, weil ich Träume hatte. Bald lernte ich, daß Träume lächerlich sind. Sie beinhalten eine positive Sichtweise und unergründliche Möglichkeiten. Für solche Dummheiten hatte ich keine Zeit.

Heute will ich wieder anfangen zu träumen. Ich will das Unmögliche zu denken wagen. Ich will mich selbst darüber lachen lassen, mich darüber in Erregung versetzen und über all die Dinge phantasieren, die sie zur Folge haben könnten.

Heute bestätige ich mich mit Affirmationen des Respekts.

Meine Vergangenheit kann ein tödliches Gift sein. Die Affirmation ist ein heilendes Gegenmittel. Ich kann warten, bis andere mir die Affirmationen geben, die ich brauche. Aber besser noch übernehme ich die Verantwortung für meine Heilung selbst.

Von heute ab will ich mich mit Affirmationen des Respekts bestätigen. Meine Worte gründen sich nicht auf das, was ich tue, sondern auf das, was ich bin. Und in Besinnung auf die mir von Gott gegebenen einzigartigen Qualitäten spreche ich mir laut vor: »Ich schätze meine Freundlichkeit. Meine Sanftheit ist für andere beruhigend. Manchmal ist es schwer, ehrlich zu sein, aber meine Integrität ist ehrenwert.«

Ab heute will ich fortlaufend die Worte der Ablehnung in meiner Vergangenheit durch Zustimmung ersetzen.

Ich erlaube den Menschen zu sein,
wie sie sind.

Heute übe ich mich in Toleranz. Andere sollen tun und lassen können, was sie wollen, und sein, wie sie sind. Ich muß nicht länger darauf bestehen, daß die anderen die Dinge so wie ich sehen und tun.

Die wütende und verängstigte Zehnjährige in mir hat nie gelernt, aus einer Position der Macht heraus zu verhandeln. Sie fühlte sich immer ohnmächtig und setzte sich zur Wehr, indem sie geltend machte, daß ihre eigene Vorgehensweise ihre Überlebenstechnik sei. Diese Verteidigungshaltung hat nun in meinem Erwachsenenleben ihre Nützlichkeit verloren. Ich bin jetzt auf meinem Genesungsweg weit genug vorangekommen, um zu wissen, daß ich Macht über mein Schicksal habe. Ich kann mir Lösungen für meine Bedürfnisse schaffen, ohne die Grenzen anderer Menschen zu verletzen. Ich muß nicht mehr andere manipulieren. Heute will ich *mein* Glück im Auge haben, statt darauf zu bestehen, daß andere die Dinge auf meine Weise tun.

Ich genieße es, albern sein zu können.

Ich wuchs mit der Vorstellung auf, daß das Leben eine ernste Angelegenheit ist. Meine Eltern waren schnell dabei, mir klar zu machen: »Wenn du etwas erreichen willst, schau nicht nach links und rechts, sondern geh' schnurstracks auf dein Ziel zu und laß' dir keine Zeit für irgendwelche Dummheiten.« Ich lernte, mich dem Leben mit finsterer Vorahnung zu stellen und auf die Härten, die ich auf meinem Weg ganz sicher zu erwarten hatte, vorbereitet zu sein. Meine Lebenssicht erwies sich als sich selbst erfüllende Prophezeiung. Je schlimmer es meinem Glauben nach in meinem Leben kommen sollte, desto schlimmer kam es auch.

Heute will ich meinem inneren Kind erlauben, albern zu sein. Mir wird leichter bei der Vorstellung, daß ich heute Spaß haben kann. Ich will mir heute etwas Zeit nehmen, um am Strand entlangzurennen, in Pfützen herumzuspringen oder im Park zu spielen. Vielleicht erzähle ich dumme Witze oder schneide vor dem Spiegel Grimassen. Es macht mir Spaß, den Schock in den Gesichtern der Menschen zu sehen, die mich als mürrisch und völlig kalkulierbar kennen.

Ich experimentiere mit unerhörtem Benehmen, und meine Welt hellt sich auf.

Ich entwickle meine eigene Philosophie.

Heute will ich einen weiteren Schritt in Richtung Selbstachtung und Selbstbestätigung tun, indem ich meine eigene Lebensphilosophie entwickle. Als Kind wurde ich nie zu unabhängigem Denken ermuntert. Selbst als Erwachsene habe ich noch meinem Partner und anderen erlaubt, mir ihre Philosophie aufzudrängen. Hinter meinem passiven Annehmen der Anschauungen anderer steckte meine heimliche Überzeugung, daß ich gar nicht imstande sei, eine eigene gültige Philosophie zu entwickeln.

Auf dem Weg zur Gesundung habe ich meine Intelligenz zu schätzen gelernt. Ich habe exzellente Einsichten und eine Lebensperspektive, die Respekt verdient. Vor allem aber besitze ich Lebenserfahrung. Ich habe Erfolge erlebt und Fehlschläge, aber all das waren wertvolle Lektionen.

Heute will ich meiner Intelligenz und meiner Lebenserfahrung Respekt erweisen, indem ich meine eigene Lebensphilosophie formuliere.

Ich kann mir meine eigenen Grenzen setzen.

Heute will ich das Vertrauen in mich haben, daß ich mir meine eigenen Grenzen setzen kann. Ich will so hoch klettern, wie ich das gefahrlos tun kann. Ich will so weit gehen, wie ich gefahrlos gehen kann. Ich finde die Grenzlinie und mache Halt. Ich werde nur so viele Schritte tun, wie ich bewältigen kann.

Innerhalb dieser Grenzen bin ich frei zu rennen, zu hüpfen oder mich zu drehen. Mein inneres Kind und ich jauchzen vor Freude über meine Leistung.

Ich weiß ganz genau, wie weit ich heute gehen kann. Morgen kann ich vielleicht noch ein bißchen weiter gehen.

Ich kann die Sichtweise meiner Vergangenheit verändern.

Heute will ich in die dunklen Tiefen meiner Seele hinuntersteigen und die schmerzlichsten Szenen hinauf ans Licht bringen, wo ich sie mit den Augen eines Erwachsenen betrachten kann. Ich sehe verzweifelte, unglückliche Eltern, die auf ihr unschuldiges Kind einschlagen. Ich sehe Schulkinder, die dieses Kind grausam hänseln, und ihre Beschimpfungen hinterlassen Wunden, die es nicht verdient.

Ich sehe diese Verletzungen mit neuen Augen, und die Etiketten der Scham, die meiner Identität anheften, fallen ab. Ich fühle mich wohl mit der Person, die ich war und die ich jetzt bin. Ich sehe nun ein liebenswertes Kind, das ein Opfer des Unglücks anderer Menschen wurde.

Heute will ich meine Vergangenheit mit anderen Augen sehen, und dadurch werde ich mich auch selbst ganz neu sehen.

Ich lobe meine Liebe zum Lernen.

An manchen Tagen ist mein inneres Kind ein Genie, das bestimmt einmal den Nobelpreis für Physik erhalten wird. An anderen Tagen jammert das Kind: »Ich werde Dividieren nie lernen, und du bist ein Monster, daß du mich dazu zwingst.«

So unangenehm diese Frustration auch sein mag, wenn ich bemüht bin, mir eine neue Fähigkeit anzueignen, dann lobe ich meine Liebe zum Lernen. Ich begreife meine Frustration als wertvollen Hinweis darauf, wie ich am besten lernen kann.

Vielleicht muß ich eine Pause einlegen. Vielleicht möchte ich einen Freund anrufen und ein bißchen jammern und stöhnen. Vielleicht muß ich auch um Hilfe bitten. Kann auch sein, daß ich meinen Drang zum Perfektionismus aufgeben muß.

Ich weiß, daß die Frustration ein wesentlicher Bestandteil des Lernens ist und wie alle Gefühle vorübergeht. Doch meine Meisterschaft und Kompetenz bleiben mir. Heute will ich meinen Wachstumsschmerzen applaudieren.

Ich kann gute Entscheidungen treffen.

In der Vergangenheit habe ich Entscheidungen ewig aufgeschoben aus Angst, Fehler zu machen. Oft traf ich Entscheidungen, indem ich keine traf. Keine Wahl zu treffen heißt eben doch eine Wahl zu treffen.

Heute will ich auf meinen gegenwärtigen Wissensstand gegründete Entscheidungen treffen. Ich will mich nicht von unbeherrschten Impulsen oder Druck beherrschen lassen, eine Entscheidung zu treffen, bevor ich dazu bereit bin. Ich will die Sache auch nicht hinauszögern, um Fehler zu vermeiden.

Vielmehr will ich überlegt und in gutem Glauben nach meinem eigenen Tempo Entscheidungen fällen. Fehler sind erlaubt, und mir ist es erlaubt, aus ihn zu lernen.

Ich kann nicht leben, ohne Entscheidungen zu fällen. Und da ich das weiß, will ich mit Zuversicht und ohne Angst an sie herangehen. Ich habe Vertrauen in meine Entscheidungen und werde deshalb heute das Bestmögliche tun.

Heute entdecke ich auf meine Weise meine Stärken.

Kinder lernen Dinge auf ihre Weise. Sie eignen sich Fähigkeiten an und entdecken ihre ganz eigenen Lernmethoden.

Manche Kinder lernen am besten über Bilder und Worte, während andere Informationen am besten durch Zuhören sammeln. Wiederum andere brauchen direktere Erfahrungen und benutzen zur Speicherung von Informationen ihren Körper.

Wenn Kinder auf ihre eigene Weise lernen dürfen, entdecken sie ihre Stärken. Als Kind, das in einem zerrütteten Elternhaus aufwuchs, lernte ich nichts über die mir eigenen Stärken. Ich glaubte, es gäbe nur eine Art zu lernen oder zu arbeiten oder zu spielen.

Als Erwachsener auf dem Weg zur Genesung entdecke ich sowohl meine eigene Methode wie auch ganz neue Wege. Meine Stärken sind das Fundament meines Lernens. Heute will ich mir eine Aktivität aussuchen und sie auf *meine Weise* tun.

Verletzlichkeit ist Teil meines Menschseins.

Als Kind war ich mir ganz sicher, daß die Erwachsenen etwas wußten, das ich nicht wußte, irgend etwas, das das Leben völlig durchschaubar machte. Ich glaube, daß Erwachsene dieses Geheimnis kannten und daß es mir enthüllt werden würde, wenn ich erwachsen wäre.

Ich konnte es kaum erwarten, erwachsen in dieses Geheimnis eingeweiht zu werden. Doch als ich dann erwachsen war, fühlte ich mich noch immer so verwirrt und verletzlich wie als Kind. Was war das für ein Geheimnis, das mir niemand erzählen wollte?

Jetzt kenne ich dieses Geheimnis. Erwachsene sind oft genauso verängstigt und verletzlich und hilfsbedürftig wie Kinder. Wir wissen nicht alles, wir haben nicht immer alles im Griff. Und das ist in Ordnung.

Heute will ich diese einfache Wahrheit mit anderen teilen, um ihre Verzweiflung zu vertreiben. Verletzlichkeit kennt keine Altersgrenze und ist Teil unseres Menschseins.

Heute will ich meine Grenzen willkommen heißen.

Heute will ich mir einige Grenzen setzen. Nur weil die Familie, aus der ich komme, im Chaos lebte, muß ich nicht auch so mein Dasein fristen.

Vormals rebellierte ich schon gegen den Gedanken der Grenzen. Sie schienen mir wie Gefängnismauern. Jetzt erkenne ich, daß sie mich keineswegs einsperren, sondern mir vielmehr einen Rahmen liefern, innerhalb dessen ich frei und gefahrlos mein Leben erkunden kann.

Ohne von seinen Ufern eingedämmt zu werden, könnte der Fluß nicht zum Meer fließen. Ohne Grenzen wäre das Leben Chaos.

Heute will ich meine Grenzen willkommen heißen. Sie machen mich frei, ich zu sein.

Mein inneres Kind ist ein wunderbarer Aspekt von mir.

Mein inneres Kind hat Angst und weiß nicht genau warum. Mein inneres Kind möchte sich zu einer Kugel zusammenrollen und das Leben denen überlassen, die wissen, wie man erfolgreich erwachsen wird.

Mein inneres Kind lugt durch einen Spalt, um zu sehen, was all die anderen machen, und versucht dann nachzuahmen, was es gesehen hat. Aber dann macht es die Dinge nicht immer ganz richtig.

Heute will ich mein inneres Kind knuddeln. Ich will es dazu ermuntern, wenigstens eine seiner Ängste aufzugeben. Ich will es auf eine Fahrt mitnehmen, und gemeinsam wollen wir diese Angst zum Fenster hinauswerfen und ihr zum Abschied nachwinken.

Heute will ich mein inneres Kind dazu ermuntern, das zu sein, wozu es geschaffen wurde. Wenn es ein ruhiges Kind ist, ist das in Ordnung. Ist es ein verspieltes Kind, ist auch das in Ordnung. Heute will ich mein inneres Kind wissen lassen, daß ich mich darüber freue, daß es lebendig und ein wunderbarer Aspekt von mir ist.

Ich kann die Last, die ganze Welt beaufsichtigen zu müssen, ablegen.

In meinem zerrütteten Elternhaus war immer alles völlig unvorhersehbar und außer Kontrolle. Das Chaos hinterließ tiefe Wunden in mir. Ich beschloß, die Kontrolle über mein Leben und über jeden und alles zu übernehmen, was mich in irgendeiner Weise beeinflussen konnte.

Auf dem Weg zur Gesundung bin ich jetzt in der Lage, meinem inneren Kind zu versichern, daß ich klug und machtvoll genug bin, mich seiner anzunehmen. Es muß nicht länger in Angst vor einem chaotischen Leben leben, denn ich habe in mir eine Quelle des Glücks entdeckt, die nicht von anderen abhängig ist. Ich kann die Verantwortung übernehmen, mir ein befriedigendes Leben zu gestalten.

Heute will ich mein Bedürfnis aufgeben, andere zu kontrollieren,. Ich will mich von der Last, die ganze Welt beaufsichtigen zu müssen, befreien.

Ich habe den Mut, die Richtung meines Lebens selbst zu wählen.

Ich kann das Leben führen, das ich mir aus tiefster Seele wünsche. Ich habe den Mut, Entscheidungen zu treffen, die mein Leben verbessern, und ich habe den Willen und die Entschlußkraft, meine Entscheidungen in die Tat umzusetzen.

Ich bin auf einer Entdeckungsreise. Ich entdecke die Hauptursachen, die mich daran hindern, Freude am Leben zu finden. Ich entdecke die speziellen Ängste, die mich an der Verwirklichung meines vollen Potentials hindern. Ich entdecke meine Motivationen und Absichten, so daß ich klare Entscheidungen treffen kann.

Alle meine Entdeckungen – alles, was ich lerne – helfen mir, die volle Verantwortung zu übernehmen und mir neue und positive Wege zu schaffen.

Heute fühle ich mich dazu inspiriert, im Innern nach der Stärke zu suchen, die mich weiterhin ganz frei die Richtung meines Lebens wählen läßt.

Heute finde ich Genugtuung in der Veränderung.

Ich bin mir der Veränderung in mir gewahr und freue mich darüber. Mein inneres Kind ist lebendig, und ich fühle mich ekstatisch lebendig und auf meine Umwelt ganz und gar eingestimmt.

Der Herbst bringt eine Reife, eine Zeit der Früchte. Im Herbst ernte ich die Fülle all des Guten, das mich umgibt. Die Blätter verändern ihre Farbe und schweben zu Boden. Auch ich mache Veränderungen durch – Wachstumsveränderungen.

Meine Seele und mein Geist sind auf den schnellen Wechsel im Herbst aufs beste eingestimmt. Ich spüre die Kunstfertigkeit einer höheren Macht in der Evolution aller lebenden Dinge. Ich bin ein Teil der Natur, so einzigartig und vollkommen wie alles, was mich umgibt.

Ich freue mich an meiner Gesundung, genieße meine Veränderungen und mein Wachstum, die mir erlauben, mich wieder in der Natur zu Hause zu fühlen.

Fehler sind Chancen zum Wachstum.

Als ich jung war, hielt ich mich für wirklich dumm, wenn ich einen Fehler machte. Ich schien ständig alles zu vermasseln, und meine Eltern und Geschwister und auch meine Freunde ließen mich das auch wissen. Allmählich kam ich zur Überzeugung, daß ich nichts richtig machen konnte.

Heute will ich mein inneres Kind lernen lassen, daß ein Fehler eine Chance zum Wachstum ist. Jeder Fehler besagt: »Hier ist ein Bereich, an dem gearbeitet werden muß.« Ein Fehler ist kein Spiegel meines Selbstwertes. Es geht nicht darum, daß wir aus ihnen lernen sollen.

Wenn ich heute einen Fehler bei einer Zeichnung mache, will ich ihn als Grundlage zu einer neuen Zeichnung nutzen. Wenn ich einen Fehler in einer Freundschaft mache, nehme ich ihn als Gelegenheit, mein Verhalten zu ändern und die Freundschaft zu stärken. Ich begrüße die Fehler, die mir die Chance zum Wachstum geben.

Meine ethischen Prinzipien spiegeln meine innere Güte wider.

Mein Selbstwertgefühl entfaltet sich, und ich entdecke darin meine ethischen Prinzipien. Meine zunehmende Selbstachtung läßt mich auf andere mit Respekt reagieren.

In nicht funktionierenden Familien werden moralische Prinzipien auf ungesunde Weise gelehrt. Strenge und sich widersprüchlich verhaltende Eltern setzen überzogene Erwartungen in die Fähigkeit ihrer Kinder, sittlich-moralisches Verhalten zu verstehen und zu realisieren.

Wie jede andere Fähigkeit wächst das Verständnis für sittliches Verhalten in Entwicklungszyklen. Als ich ein Kind war, beurteilten meine Eltern mein Verhalten nach ihren Erwachsenennormen. Ich fühlte Scham statt Schuld, wenn ich mich nicht korrekt verhielt.

Heute will ich eine Bestandsaufnahme meiner moralischen Werte und ethischen Prinzipien machen, um zu bestätigen, daß sie ein Spiegelbild meiner inneren Güte sind.

Heute lasse ich mein inneres Kind sich etwas wünschen und träumen.

Das Wünschen allein läßt die Wünsche noch nicht Wirklichkeit werden, aber es bringt mich meinem Traum näher. Es schafft den fruchtbaren Boden, auf dem meine Träume wachsen können. Das Wünschen öffnet mein Herz für Möglichkeiten. Es regt meine Seele und mein Herz an und gibt mir Hoffnung für die Zukunft.

Das Wünschen war eine Sache der Kindheit: Ich wünschte mir etwas, wenn eine Sternschnuppe fiel, wenn ich die Geburtstagskerzen ausblies, oder auch in der Nacht, wenn schreckliche Geräusche im Haus zu hören waren.

In dieser Woche erlaube ich meinem inneren Kind, sich Dinge zu wünschen. Es soll sich etwas wünschen, wenn eine Sternschnuppe fällt, wenn Kerzen ausgeblasen werden oder einfach nur so. Ich will seinen Wünschen Beifall spenden und sie, ohne mich darüber lustig zu machen, in meinem Herzen aufbewahren. Und vielleicht werden diese Wünsche eines Tages Wirklichkeit. Wenn nicht, dann werden sie mir jedenfalls Glück bringen und meinem Leben eine Richtung geben.

Ich bin durchsetzungsfähig und habe Bedürfnisse.

Mein inneres Kind wird durchsetzungsfähiger, und ich werde dadurch befähigter, meine Bedürfnisse zu erfüllen. Es gehört zum Erwachsenenwerden, daß wir auf direkte Weise um Hilfe bitten lernen.

In meinem zerrütteten Elternhaus fühlte ich mich zwischen meinem Wunsch nach Unabhängigkeit und meiner Bedürftigkeit hin- und hergerissen. Wenn ich auf meiner Macht bestand, wurde mir die Befriedigung von Bedürfnissen verweigert. Wenn ich um Hilfe bat, verlor ich meine hart erkämpfte Machtposition.

Heute will ich die Tatsache akzeptieren, daß sowohl meine persönliche Macht wie auch meine Bedürfnisse lebensnotwendig sind. Wenn ich meine Macht aufgebe, werde ich verletzlich, kann man mich leichter zum Opfer machen oder gar mißhandeln. Wenn ich meine Bedürfnisse einschränken muß, werde ich rigide, hart und wütend.

Auf dem Weg zur Gesundung strebe ich nach einer Balance zwischen Stärke *und* Verletzlichkeit. Diese Balance erreiche ich, wenn ich meine Bedürfnisse erkenne und selbstbewußt, machtvoll auf sie eingehe.

Ich stelle meine Gesundheit durch Schönheit wieder her.

Bei meinem Heilungsprozeß habe ich ein ähnliches tiefes Gefühl von Schönheit, das ich empfinde, wenn ich großartige Musik höre oder einen herrlichen Berg betrachte.

Bei den Heilzeremonien der Navajos wird die Krankheit durch farbige Sandgemälde geheilt. Sandstein wird zerrieben und mit Maismehl, Blumen, Pollen und Pflanzenteilen vermischt, um so die Farben Rot, Gelb, Weiß und Blaugrau zu erhalten. Der farbige Sand wird sorgsam gesiebt und zu feinen geometrischen Mustern verteilt, die jeweils einer bestimmten Krankheit zugeordnet sind.

Während der Zeremonie setzt sich der Patient oder die Patientin auf das Sandbild. Die Krankheit wird von dem komplexen geometrischen Muster aufgesogen. Die Gesundheit wird durch Schönheit wieder hergestellt.

Heute will ich meine Heilung als Kunstwerk betrachten. Wenn ich meine Gesundheit durch Schönheit wieder herstelle, wird auch die Schönheit um mich herum wieder hergestellt.

Jeden Tag gewinne ich mehr Vertrauen.

Auf dem Spielplatz beobachte ich, wie ein vierjähriges Mädchen immer und immer wieder versucht, eine Stange zu erklimmen. Sie konzentriert sich mit aller Intensität auf ihr Unterfangen, und wenn sie unweigerlich wieder abrutscht, versucht sie es aufs neue. Ihre Bemühungen erstaunen mich. Als ich vier Jahre alt war, war ich leicht frustriert. Wenn ich beim ersten Mal keinen Erfolg hatte, wurde ich wütend. Unglücklicherweise konnte ich meinen Ärger nicht zulassen. So richtete ich ihn nach innen und gab schnell auf.

Heute will ich der Vierjährigen in mir erlauben, sich an der Kletterstange zu versuchen. Sie packt die Stange mit beiden Händen, schlingt ihre Beine darum und zieht sich hoch. Dann rutscht sie ab, weil ihre Muskeln noch nicht stark genug sind. Sie will aufhören, aber ich sage ihr, daß sie einen großartigen ersten Versuch gemacht hat. Ermutigt probiert sie es wieder.

Eines Tages wird sie bis zur Spitze hinaufklettern. Dann bekommt sie ihre Belohnung: einen herrlichen Rutsch nach unten und die Chance, wieder hinaufzuklettern.

Heute will ich meinem Partner erlauben, menschliche Schwächen zu zeigen.

Weil meine Eltern emotional nie für mich da waren, wuchs ich mit einem unstillbaren Hunger nach Liebe und Akzeptiertwerden auf. Dieses Bedürfnis ließ mich das Bild von einer Person erschaffen, die alle meine emotionalen Bedürfnisse erfüllen konnte.

Leider hat dieser Mythos vom perfekten Partner meine intimen Beziehungen belastet. Deshalb habe ich auch meine Aufgabe vernachlässigt, die Verantwortung für mein Herzensglück zu übernehmen.

Heute will ich meinem Partner oder meiner Partnerin erlauben, menschliche Schwächen zu haben. Das heißt nicht, daß ich mich auf eine Beziehung einlasse, in der ich mißbraucht werde. Jemandem die Freiheit zu lassen, nicht vollkommen zu sein, bedeutet nicht die Freiheit, mich mißbrauchen zu können.

Heute will ich meinen Partner oder meine Partnerin von der Bürde befreien, all meine emotionalen Bedürfnisse erfüllen zu müssen.

Meine Intuition gründet in der Realität.

Ich vertraue meiner Intuition und achte ihren Stellenwert bei meinen Entscheidungen.

Ich muß nicht alles verstehen, was meine Intuition mit ihren feinen Sensoren auffängt. Meine Intuition mag meine Sinne dazu anleiten, winzige Details wahrzunehmen. Jemand hört sich vielleicht gut an und sagt die richtigen Dinge, aber meine Intuition fängt andere Informationen auf. Die Körpersprache und der Ton der Stimme wecken möglicherweise schmerzliche Erinnerungen, und schon reagiert meine Intuition darauf mit Alarm.

Als ich in meinem zerrütteten Elternhaus aufwuchs, hatte ich kein Vertrauen in meine Intuition. Die Realität wurde auf vielfache Weise geleugnet, und ich erhielt keine Bestätigung für meine innere Stimme, die die Wahrheit sprach.

Heute will ich akzeptieren, daß sich meine Intuition auf die Realität gründet. Ich will diesen wertvollen Teil von mir zu Rate ziehen und bei Entscheidungen auf seinen weisen Rat hören.

Ich will heute und jeden Tag mein Wachstum bekräftigen.

»Du bist dumm ... du bist häßlich ... Warum mußtest du überhaupt geboren werden?«

Diese Worte brüllt mein inneres Kind, wann immer ich kurz vor dem Erfolg stehe, wann immer ich gerade etwas Nettes über mich denken will. Und nachdem es diese Worte so oft gehört hat, glaubt mein inneres Kind an ihre Wahrheit.

Von heute an werden diese Worte in meinen Selbstgesprächen nicht mehr vorkommen. Vielmehr werde ich mein inneres Kind in den Arm nehmen und ihm sagen, daß es sehr wertvoll ist.

Ich will mich mit neuen Worten und Sätzen bestätigen: »Du hast gute Arbeit geleistet ... Ich kann dir sagen, du hast in dieser Situation das Bestmögliche getan, und ich bin stolz auf dich ... Ich bin froh, daß es dich gibt.«

Ich will heute und jeden künftigen Tag mein Wachstum feiern. Heute ist alles genau so, wie es sein soll, und ich freue mich über meinen Fortschritt.

Ich freue mich an allem, was ich bin.

Manchmal stehe ich vor dem Spiegel und drehe mich hin und her, um neue Perspektiven zu finden, die andere Aspekte von mir enthüllen. Mein inneres Kind sieht einen gefeierten Rockstar, einen lustigen Clown, einen abgehärteten Rennradfahrer – ich bin reich, ich bin lustig, ich bin machtvoll.

Die Abhängigkeiten in der Familie, aus der ich komme, hielten mich in sehr starren Rollen gefangen. Ich hatte Angst, verlassen zu werden, wenn ich mit anderen Verhaltensweisen experimentierte.

Heute will ich mich an allem freuen, was ich sein kann und bin. Ich probiere vielleicht neue Rollen und Seinsweisen aus. Möglicherweise lasse ich mir einen anderen Haarschnitt verpassen oder kaufe mir ein modisches Outfit. Oder ich suche nach einer neuen Wohnung und öffne mich neuen Freundschaften. Und mit jedem neuen Abenteuer hat mein inneres Kind etwas zu feiern.

Ich bin meinem inneren Kind eine liebevolle Mutter und ein liebevoller Vater

Ein neugeborenes Baby wird in warme Tücher gewickelt und in die ausgestreckten Arme der Mutter gelegt. Die Mutter ist von der Geburt noch feucht von Schweiß. Ihr Gesicht ist naß von den Tränen des Staunens und der Liebe. Sanft wickelt sie ihr Baby aus und zählt seine Finger und Zehen. Sorgfältig untersucht sie seinen Körper und heißt es in seinem neuen Leben willkommen.

Das Baby beginnt zu weinen. Ohne zu zögern gibt ihm die Mutter die Brust, gibt ihm Nahrung.

Als erwachsene Person bin ich nun dem inneren Kind Mutter und Vater, dem Kind, das regelmäßig Nahrung braucht, um weiterwachsen und sich dem Leben stellen zu können. In liebender Fürsorge und Anleitung kann ich meinem inneren Kind alles geben, was es zum Aufbau einer soliden Lebensgrundlage braucht. Wenn mein inneres Kind weint, tut es auch mir weh, fühle auch ich mich verletzlich und muß in den Arm genommen werden, gefüttert oder sanft beruhigt werden. Heute will ich die Verantwortung für mich und mein inneres Kind übernehmen.

Heute will ich mich mehr als sonst lieben.

Heute nacht empfinde ich die Scham, die mich immer überkommt, wenn ich meinem Suchtverhalten nachgegeben habe. Der Mangel an bedingungsloser Liebe in meinem zerrütteten Elternhaus schuf in mir eine schmerzvolle Leere. Weil ich nicht wußte, wie ich sie auf gesunde Weise erfüllen konnte, überdeckte ich meinen Schmerz mit selbstzerstörerischem Verhalten. Wenn ich auch nicht für die Kräfte, die mich hierher brachten, verantwortlich bin, so bin ich doch von jetzt ab für das, was ich mit meinem Leben tue, verantwortlich. Ich weiß, daß meine Sucht mir meine Selbstachtung raubt, die die Grundlage meiner Reise zu einem ganzheitlich gesunden Menschsein ist.

Heute will ich meine Entschlossenheit aufs neue bekräftigen, mein Leben nur mit lebensförderlichen Aktivitäten ausfüllen. Wenn ich in Versuchung komme, zu nachgiebig mir selbst gegenüber zu sein, zuviel zu arbeiten oder mich abhängig zu machen, dann frage ich mich zuerst: »Werde ich mich mehr oder weniger lieben, wenn ich mich darauf einlasse?«

Heute entscheide ich mich für mehr Liebe.

Heute sehe ich eine gesunde Zukunft vor mir.

Heute will ich mich weigern, wieder die alten Tonbänder aus der Vergangenheit mit ihren kritischen Botschaften abzuspielen. Statt dessen will ich mir vorstellen, wie ich sein werde. Die Samen meines künftigen gesunden Selbst haben in mir schon Wurzeln geschlagen. Ich sehe, wie mein inneres Kind aus der Angst zu Zuversicht und Freuden gelangt.

Ich sehe, wie ich lache und liebe, voller Vitalität bin und nur lebensfördernde Beziehungen eingehe. Ich fühle die tiefe Befriedigung, die eintritt, wenn ich mir meine persönlichen Grenzen setze und bewahre. Ich spüre den warmen Strahl eines gesunden Selbstwertgefühls, während ich lerne, mich zu ernähren und für mich zu sorgen.

Ich weiß eindeutig, daß ich selbst die Person in meiner Vision bin und all die Freuden eines erfüllten und befriedigenden Lebens erfahre. Die Schäden aus der Vergangenheit liegen hinter mir. Heute will ich die Samen des Lebens und der Gesundheit pflegen, die mit jedem Tag wachsen.

Heute will ich alle meine Sorgen in die Hände meiner höheren Macht legen.

In der Stille der Nacht rasen mir wirre Gedanken durch den Kopf. Ihre hektische Aktivität hält mich vom heilsamen Schlaf ab. Jedes Problem des Tages wird immer wieder durchdacht. Jede Verletzung wird noch einmal nachempfunden. Erinnerungen aus meiner Kindheit kehren zurück, als die Schlafenszeit mir Angst und Schrecken einjagt.

Heute will ich alle meine Sorgen des Tages den starken Händen meiner höheren Macht übergeben. Und ich vertraue darauf, daß ich diese Sorgen morgen früh mit anderen Augen betrachten kann.

Ich muß nicht alle meine Probleme heute nacht oder innerhalb der nächsten Woche lösen. Manche Dinge werden besser langsam angegangen und erst mit der Zeit gelöst. Ich will meinem inneren Kind versichern, daß eine Lösung nach der anderen gelingen wird.

Ich muß nicht still sein,
um ein guter Mensch zu sein.

Ich lernte schon sehr früh, Stillsein und Gutsein gleichzusetzen: »Sie ist ein so gutes Kind, sie beklagt sich nie. Was für ein gutes Baby, es weint nie. Sprich nicht außerhalb der Familie über Familienangelegenheiten.«

In meiner Familie durfte sich niemand beklagen, weil es nichts gab, was nicht stimmte. Wenn nur irgend etwas nicht stimmte, so konnte das bedeuten, daß nichts stimmte. Und das ging nicht an, denn meine Familie setzte alles daran, den Anschein der Normalität aufrechtzuerhalten.

Nach einiger Zeit glaubte ich meinen eigenen Augen und Ohren nicht mehr. Wenn an einer Situation irgend etwas nicht stimmte, dann mußte es an meiner gestörten Wahrnehmung liegen. Deshalb sprach ich über nichts.

Heute will ich meinem inneren Kind erlauben, sich über eine unfaire Situation zu beklagen. Ich höre seinen Klagen sehr genau zu. Ich kann mich auf die Realitätswahrnehmung meines inneren Kindes verlassen.

Ich entdecke die Kunst des Stillseins.

Das Kind sitzt da und sieht zu, wie die Wolken gemächlich vorüberziehen. Die Mutter ruft: »Tu was. Verplempere nicht die Zeit.«

In unserer Gesellschaft gilt Aktivität als etwas Positives und Passivität als etwas Negatives. Deshalb rennen wir herum und füllen unser Leben mit einer Unzahl von Aktivitäten, die uns nirgendwohin bringen. Wir vergessen das kleine Kind in uns, das dasitzen und den Wolken nachsinnen oder die Sterne betrachten kann oder zuschauen muß, wie eine Spinne ihr Netz webt. Wir vergessen das innere Kind, das ein Pferd streicheln oder mit dem Hund spielen muß. Dieses Kind ist nicht faul. Vielmehr lernt es auf diese Weise etwas über das Leben und die Muße, über Wünsche, Spiele und die Balance.

In dieser Woche will ich mir etwas Zeit zum Nichtstun nehmen. Vielleicht widme ich mich auch meiner Aktivität, die ich mit Faulheit assoziiere und der ich mich deshalb sonst nie zuwende. Ich entdecke, daß die Energie aus dem stillen Dasitzen und aus der Kunst des Seins erwächst.

Ich kann Freundschaften pflegen.

Gesunde Beziehungen unterstützen den Genesungsprozeß, und ich wähle mir Freunde aus, die sich über mein Wachstum freuen.

In meiner Kindheit haben meine Eltern nie versucht, mir bei der Pflege von Freundschaften zu helfen. Ich fühlte mich selten wohl dabei, wenn ich Freunde zu mir nach Hause einlud, und oft fühlte ich mich isoliert.

Als erwachsenes Kind habe ich oft den Arbeitsplatz gewechselt und mich für immer von Kollegen verabschiedet. Ich leugnete mein Gefühl von Verlust und so auch mein Bedürfnis, einen freundschaftlichen Kontakt aufrechtzuerhalten. Ich habe nie gelernt, daß Freundschaften sich verändern und dennoch lebendig bleiben können.

Heute pflege ich Freundschaften, die ich aufrechterhalten will. In Zuversicht und im Vertrauen, daß mein Wachstum meine Beziehungen stärken wird, schreite ich voran.

Heute will ich lernen, eine liebevolle Berührung zu akzeptieren.

Manchmal fürchte ich mich davor, eine Berührung zu akzeptieren. Ich habe Angst, daß meine Emotionen plötzlich ein Eigenleben gewinnen und mich in Situationen hineinziehen, auf die ich nicht vorbereitet bin. Ich habe auch Angst vor der Berührung, weil ich mich so nach Berührung sehne – nach dem hungere, was ich verdiene, aber – wenn überhaupt – nur selten bekam.

Heute will ich eine Berührung allmählich akzeptieren lernen, indem ich einem engen Freund oder einer engen Freundin von meinen Bedürfnissen und Ängsten erzähle. Ich will ihn oder sie bitten, mich kurz zu umarmen, wenn wir uns treffen, oder mal einen Arm zu berühren, wenn wir uns unterhalten. Wenn mich die Berührung ängstigt, will ich aussprechen können, daß ich mich ein wenig zurückziehen muß, bis mir wieder wohler ist. Es ist völlig in Ordnung, wenn ich mich nicht ohne meine Einwilligung von jemandem berühren lassen will. Aber ich will lernen, eine liebevolle Berührung zu akzeptieren, die mich in meiner wachsenden Liebe zu mir und anderen unterstützt.

Ich lerne, Risiken einzugehen.

Heute will ich mich kopfüber ins Leben stürzen. Ich will nicht davor zurückscheuen, Risiken einzugehen. Zu lange ist mein Leben schon von Langeweile gekennzeichnet, die der Routine entspringt. Ich strebte nach Sicherheit und stecke jetzt in einem Trott, der mich gar nicht mehr richtig leben läßt. Heute will ich meine physischen, mentalen und spirituellen Grenzen erkunden und mich fordern lassen. Ich will die Aufregung neuer Erfahrungen hautnah spüren.

Um aus meinem Trott herauskommen zu können, muß ich, wie ich weiß, meinem inneren Kind versichern, daß ich es gut versorgen werde. Ich verstehe sein starkes Bedürfnis nach Sicherheit, aber ich glaube auch, daß es verdient, mehr vom Leben mitzubekommen. Wenn ich nicht in den nächsten Jahren langsam dahinsiechen will, muß ich meine Grenzen ausdehnen. Ich muß meine Angst vor dem Neuen überwinden, um mir ein befriedigendes Leben gestalten zu können.

Heute will ich mein Bedürfnis nach Kontrolle aufgeben.

Das Leben in meiner chaotischen Familie glich der rasenden Fahrt einer Kutsche, die von scheu gewordenen Pferden gezogen wird. Ich hatte das Gefühl, wir würden in den Abgrund stürzen, wenn ich die Zügel nicht in allen Bereichen sehr straff hielt.

Nachdem ich jetzt so viele Jahre lang die Zügel immer straff gehalten habe, wissen meine Hände gar nicht, wie sie locker lassen sollen. Ich habe das Gefühl, daß ich jeden Aspekt meines Lebens unter Kontrolle halten muß, weil ich sonst auf den Felsen des Abgrunds zerschmettert werden würde.

Heute will ich die Zügel allmählich lockern. Mein Griff löst sich, und die Zügel fallen schlaff in meinen Schoß. Die Pferde müssen nicht mehr gegen den harten Druck der Zügel ankämpfen und verfallen in eine langsamere Gangart. An einer Wiese halten sie an. Sie senken die Köpfe und fressen das frische Gras. Ich nehme ihnen das Zaumzeug ab, und sie springen voller Freude über ihre Freiheit herum. Ich entspanne mich und freue mich an meiner eigenen Freiheit. Bei Sonnenuntergang lege ich den Pferden die Zügel wieder an, und wir setzen unseren Weg fort. Ich vertraue darauf, daß sie ihren Weg nach Hause finden.

Ich bin für Geben und Nehmen offen.

Heute will ich nicht nur mir, sondern auch meinen Mitmenschen Bestätigung zukommen lassen. Unser Geist schwingt sich empor, wenn wir Bestätigung erhalten, und er taumelt und stürzt, wenn wir kritisiert und beschimpft werden.

Heute will ich meine Augen für meine Mitmenschen öffnen. Ich will mir einen Schubs geben und positive und wahre Aussagen des Respekts und der Wertschätzung über sie machen. Heute will ich drei Freunde anrufen oder ihnen schreiben, um sie wissen zu lassen, was ich an ihnen schätze.

Mit meinem Heilungsprozeß befaßt, konzentriere ich mich manchmal zu sehr auf meine eigenen Bedürfnisse und vergesse die Menschen, die mich berühren und ermutigen. Wenn ich ihre liebenswerten und noblen Seiten sehe und sie anspreche, dann trage ich zum Selbstwertgefühl dieser Menschen bei. Wenn ich gebe, kommt dies auch meinem eigenen Selbstwertgefühl zugute.

Heute begegne ich allem, was ich sehe, mit Neugier.

Heute schaue ich mir alles an, als sähe ich es zum ersten Mal. Ich nehme die winzigsten Details in den Blüten einer kleinen Blume wahr, der Essensreste auf einem Teller, der zerwühlten Decken meines ungemachten Bettes. Ich lasse meiner Neugier freien Raum.

Als ich ein Kind war, hänselten mich meine Eltern und Lehrer und selbst andere Kinder, weil ich so viele Fragen stellte. »Jeder weiß das«, sagten die Kinder. »Du fragst zuviel«, sagten die Erwachsenen. So hörte ich auf, anderen Fragen zu stellen, und dann stellte ich auch mir keine Fragen mehr.

Heute frage ich: »Warum?« Und ich höre auf die Antworten.

Heute will ich meinem Körper vertrauen.

Heute will ich auf die Fähigkeiten und Stärken meines Körpers vertrauen. Denn manchmal höre ich noch immer die warnende Stimme: »Paß auf, daß du nicht fällst! Das ist zu hoch, komm jetzt runter!«

Meine Eltern machten sich immer Sorgen, daß ich mich verletzen könnte. Sie lehrten mich an meiner Selbsteinschätzung zu zweifeln, was meinen Körper anging. Ich glaubte, daß meine Arme und Beine versagen könnten, und deshalb fürchtete ich mich vor physischen Aktivitäten und erlebte nicht die Freude, die sie mit sich bringen.

Heute weiß ich, daß mein Körper seine eigene Weisheit besitzt, und ich lasse ihn seinen eigenen Weg finden. Ich staune über meine Freunde, wenn ich in raschem Tempo gehe, einen Schritt sicher vor den anderen setze und dabei einen neuen Weg erkunde.

Ich entwickle Beständigkeit in meinem Leben.

Der Ozean bewegt sich in beständigem Rhythmus. Er donnert mit gewaltiger Kraft heran und zieht sich sanft wieder zurück.

Als ich aufwuchs, gehörte Beständigkeit nicht zu meinem Leben. Als Erwachsener fand ich sie deshalb langweilig und zog es vor, mir unnötige Dramen zu schaffen. Wenn ich nun auf dieses Chaos zurückblicke, merke ich, daß Verläßlichkeit und Beständigkeit Qualitäten sind, die zu meinem Wohl und meiner Sicherheit beitragen.

Heute will ich wie der Ozean sein, beständig in meinen Aktivitäten und machtvoll, aber sanft. Es wird mir bei der Entwicklung dieser Qualität eine Hilfe sein, wenn ich mir Ziele setze und flexible Pläne mache, um sie zu erreichen. Und es wird mir helfen, wenn ich die Unterstützung vertrauenswürdiger Freunde in Anspruch nehme, die mich in dieser Angelegenheit ermuntern.

Ich bin ein sicherer Zufluchtsort für mein inneres Kind.

Mein inneres Kind hat Angst. Es ist für die Dinge der Welt noch nicht alt oder stark oder klug genug. Es weiß noch nicht, wie es für sich selbst sorgen soll.

Ich bin ein sicherer Zufluchtsort für mein inneres Kind. Ich umhülle es mit meinem warmen Körper, mit meiner liebevollen Umarmung und mit sanften Worten. Ich bin der Ort, wo es so lange bleiben kann, wie es nötig ist. Wenn es sich sicher genug fühlt, kann es sich der Welt wieder zeigen. Ich schütze es vor den Dingen, mit denen es sich noch nicht auseinandersetzen kann, und ermuntere es, die Dinge zu tun, die es, wie ich weiß, schon tun kann. Wenn es das Gefühl hat, keinen Ort zu haben, wohin es sich wenden kann, dann heiße ich es willkommen. Ich bin das »Zuhause« für mein inneres Kind.

Heute will ich spielen.

Immer wenn ich in einen Spielzeugladen ging, hörte ich die Stimme meiner Eltern sagen: »Faß das nicht an. Leg das hin. *Nein,* das kannst du nicht haben.« Heute will ich mein inneres Kind in einen Spielzeugladen mitnehmen und mit jedem Spielzeug spielen lassen, das ihm gefällt.

In Kaleidoskopen sehe ich Farben und Formen in sich endlos verwandelnden Mustern: Plastikperlen, Holzperlen, Ziermünzen und Glitzerzeug, die mein Handgelenk und meine Finger schmücken.

Unter den Teddybären und Gummienten suche ich mir das Tier meiner Träume aus. Trommeln und Zimbeln, Pfeifen und Lärmmacher schlagen Rhythmen an und geben schrille Geräusche von sich.

Wenn ich will, kaufe ich ein Spielzeug für mein inneres Kind. Oder wir gehen nach Hause und basteln ein Spielzeug aus Pappkartonschachteln, Kissen oder wassergefüllten Flaschen. Heute finde ich ein Spielzeug für mich und spiele.

Heute lerne ich, zwischen Phantasie und Realität zu unterscheiden.

Als Kind versuchte ich den Unterschied zwischen Phantasie und Realität zu verstehen. Leider waren meine Eltern suchtabhängig und konnten mir nicht helfen. Ich fühle noch immer das Entsetzen in mir, das aus meiner Überzeugung herrührte, daß ich die Ursache ihrer Krankheit war. War ich wirklich so schlecht, daß Mami deswegen trank? War ich der Grund, daß Papa krank wurde? Tief in mir existiert dieses dreijährige Kind, das nach Ursache und Wirkung fragt. Ich lasse dieses Kind auftauchen. Ich kann dieses kleine Gesicht mit seinen von Scham und Verwirrung erfüllten Augen vor mir sehen.

Heute will ich mein erwachsenes Selbst einsetzen, um die Angst, die mich so lange verfolgt hat, von mir zu nehmen und die falschen Vorstellungen dieses dreijährigen Kindes zurechtzurücken. Ich will mir vor Augen halten, daß Kinder der Gnade von Erwachsenen ausgeliefert sind. Ein Wohlgefühl überkommt mich, während mir deutlich wird, daß mein Irrationalismus inzwischen einem gesunden Realitätsbewußtsein gewichen ist.

Ich lerne nachzudenken, bevor ich handle.

Ich lerne nachzudenken, bevor ich Zeit und Energie für die Aktivitäten und Bitten anderer Menschen aufwende. Ich lasse mir Zeit, die Möglichkeiten und Konsequenzen durchzudenken.

Ich kann Fragen stellen. Ich kann mich für ein Ja oder Nein entscheiden, und ich kann auch Kompromißlösungen akzeptieren. Ich lerne zu verhandeln, wenn es um Dinge geht, die ich will.

Ich kontrolliere nach wie vor meine Impulse und achte auf meine Gefühle, aber jetzt denke ich auch nach, bevor ich handle.

Ich verfüge über einen gesunden Verstand. Zu welchen Entschlüssen ich auch komme, sie sind zu diesem Zeitpunkt die richtigen für mich, und ich kann aus meinen Fehlern lernen.

Ich schaffe mir Wahlmöglichkeiten, wenn ich nachdenke. Heute will ich in aller Ruhe nachdenken und Entscheidungen treffen, die ganz meinem Interesse dienen.

Heute gebe ich mein Bedürfnis nach Anerkennung auf.

Heute will ich mein exzessives Bedürfnis nach Anerkennung aufgeben. Im von Abhängigkeiten beherrschten Umfeld meiner Kindheit hing meine Sicherheit davon ab, daß ich meinen Eltern gefällig war. Ich lernte, auf die geringsten Anzeichen von Mißbilligung bei ihnen zu achten, um zu erkennen, wie ich mich verhalten sollte. Jetzt fühle ich noch immer die Gegenwart eines verängstigten kleinen Kindes in mir, das mich dazu treibt, Dinge zu sagen und zu tun, die mir die Gunst anderer Menschen einbringen.

Ich will nicht länger zulassen, daß dieses exzessive Bedürfnis nach Anerkennung mich meines inneren Friedens beraubt. Ich stelle mir vor, wie dieses innere verängstigte fünfjährige Kind in warmes Licht getaucht ist. Ich fühle, wie sich seine Angst in meiner Liebe zu ihm auflöst.

Die Angst vor Mißbilligung schmilzt dahin, und ein Gefühl des Friedens steigt in mir auf. Voller Zuversicht stelle ich mich einem neuen Tag.

Ich lerne loslassen.

Als ich fünf Jahre alt war, liebte ich es zuzusehen, wenn die Luftballons immer höher und höher in den Himmel aufstiegen und schließlich hinter der Sonne zu verschwinden schienen. Ich stellte mir vor, daß sie irgendwohin flogen, wo ich noch nie gewesen war.

Heute will ich meine eigenen Luftballons freilassen. Mit der Hilfe meines inneren Kindes werde ich in jeden einzelnen Ballon eine meiner Ängste stecken. Dann verabschiede ich mich und lasse ihn los. Vielleicht bin ich ein bißchen traurig darüber, daß sie mich verlassen, denn ich habe mich an meine Ängste gewöhnt. Aber ich bin auch glücklich, weil nun Platz für meine Hoffnungen und Träume ist.

Und nochmal will ich im Geiste so viele farbige Luftballons sammeln, wie ich brauche, um in jeden einzelnen eine Hoffnung und einen Traum stecken zu können. Voller Freude will ich jeden mit der Segnung entlassen, daß er auf seiner Reise zu Wachstum und Entwicklung genug Zeit haben möge. Ich weiß, daß ich irgendwann auf meinem Weg jeden dieser Ballons wiederfinden werde, wenn sich die Hoffnungen und Träume erfüllen.

Heute will ich mir sichere und vernünftigere Grenzen setzen.

Grenzen sind nicht unbedingt Beschränkungen. Sie bezeichnen den Bereich, in dem ich mich wohl fühlen und in Freiheit selbst verwirklichen kann. Ich schaffe mir meine eigenen Grenzen, weil ich mir sympathisch bin und für diese wertvolle Person nur das Beste will. Ich errichte sie sehr sorgsam, denn sie spiegeln den Stand meines emotionalen Wachstums wider.

Manchmal mögen die von mir gezogenen Grenzen anderen nicht gefallen. Aber ich werde sie trotz ihrer Wünsche und Forderungen aufrechterhalten, denn ich muß mich sicher fühlen, um zu vollem Wachstum gelangen zu können.

Grenzen sind keine Barrieren aus Beton. Sie können bewegt werden, um neuem Wachstum Raum zu geben. Ich ziehe Grenzen, um mir einen sicheren Wachstumsort zu schaffen, in den andere nicht eindringen können. Dies ist ein liebevoller Akt.

*Ich suche mir Qualitäten aus,
die mein Leben verbessern.*

Du kannst ein gutes Porträt nicht auf die Schnelle fertigstellen. Wenn du es versuchst, dann laufen die Farben braun und grau zusammen. An einem Ölbild kann man jeweils immer nur ein bißchen arbeiten, die Farben müssen zwischen den Sitzungen trocknen können.

Manchmal arbeitet der Künstler sogar zwischendurch an einem anderen Bild. Die Erfahrungen, die er mit diesem zweiten Bild macht, wirken sich meist positiv auf seine Kunst aus und damit auch auf den Wert seines Porträts.

Mein Leben ist ein wunderbares Porträt, das die besten Materialien verdient, die ich beibringen kann. Und es ist es wert, daß ich mir Zeit nehme. Manchmal versuche ich schneller zu arbeiten, weil ich will, daß es *jetzt* fertig wird. Heute will ich immer nur einen Schritt auf einmal tun, nichts forcieren, aber auch nicht bummeln. Ich will die »Farben« auswählen, die mein Bild zum bestmöglichen Porträt machen – die besten Beziehungen, die besten Entscheidungen, die besten Affirmationen.

Ich bin ganz und gar lebendig, wenn ich meine Emotionen fühle und äußere.

Heute fühle ich, wie sich Gefühle in mir regen, die einst tief erstarrt waren.

In meinem zerrütteten Elternhaus machte man sich über Hoffnung lustig, wurde Freude heruntergespielt, Liebe manipuliert und Wut mit Gewalt beantwortet. Folglich hielt ich meine Gefühle vor meiner Familie und selbst vor mir geheim.

Als Erwachsener fürchte ich mich nun vor Hoffnung und Liebe, weil mich meine Gefühle für den Schmerz zerbrochener Träume und Versprechen verletzlich machen. Selten lasse ich Gefühle von Wut und Angst zu, weil diese Emotionen mein inneres Kind zu überwältigen scheinen.

Heute will ich meine Gefühle aus ihrem eisigen Gefängnis im Innern entlassen. Ich will auch meinem inneren Kind versichern, daß ich mit meinen Gefühlen umzugehen weiß und uns kein Leid geschehen wird. Heute will ich ganz und gar lebendig sein, indem ich die ganze Skala meiner Emotionen akzeptiere und durchlebe.

Ich öffne meine Ohren für heilende Laute.

Hipp hipp hopp. Tick tack tock. Huh huh buh. Kinder lieben Reim und Rhythmus in der Sprache. Viele Kinderlieder und Spiele sind einfache Liederreime, in denen die Worte wegen des Vergnügens am Klang zusammengestellt wurden.

Spielerische Laute führen die Kinder zur Sprache hin und legen die Grundlagen für Lesen und Schreiben. In meiner Familie klangen die Worte jedoch hart und verursachten emotionalen Schmerz. Als Kind blendete ich viele Laute aus, um mich vor dem Schmerz zu schützen. Als erwachsenes Kind streiche ich bei Unterhaltungen immer noch bestimmte Worte.

Heute will ich mein inneres Kind dazu einladen, sich spielerische Laute anzuhören. Ich lese ihm vielleicht aus einem Gedichtband laut vor. Oder ich singe laut im Auto oder unter der Dusche, weil es sich so gut anhört. Vielleicht rufe ich auch einen vertrauten Freund an und bitte ihn, mir Komplimente zu machen. Heute will ich meine Ohren für heilende Laute öffnen.

Ich kann erwachsen sein und noch immer geliebt werden.

In meiner zerrütteten Familie war Liebe ein Gut, an das Bedingungen geknüpft wurden. Liebe wurde als Belohnung ausgeteilt, wenn wir unsere Eltern erfreuten. Sie wurde als Strafe zurückgenommen, wenn wir sie verärgerten. Bald war ich davon überzeugt, daß ich nur geliebt werden konnte, wenn ich unterwürfig und fügsam war.

Weil an die Liebe meiner Eltern Bedingungen geknüpft waren, verwechseln mein inneres Kind und ich Gefälligsein mit Liebe. Wenn die Menschen, die mir nahestehen, anderer Meinung sind als ich oder auf mich wütend sind, dann bin ich ganz sicher, daß sie mich nicht mehr lieben. Folglich äußere ich nur selten eine abweichende Meinung, aus Angst, daß sie mir ihre Liebe verweigern, so wie es meine Eltern taten.

Jetzt ist die Zeit für mich gekommen, diese zerstörerische Konditionierung aufzulösen. Nicht jedermann ist in seiner Liebesfähigkeit so begrenzt, wie meine Eltern es waren. Ich gehe nicht länger davon aus, daß andere mich gleich verlassen, wenn sie auf mich wütend sind. Ich *kann* unabhängig denken und handeln und muß mich nicht vor Zurückweisung fürchten. Ich kann als erwachsene Person handeln und dennoch geliebt werden.

Heute will ich mein inneres Kind mit meiner Liebe in den Schlaf wiegen.

Heute nacht ruht mein Kopf auf dem Kissen, und ich will die Affären des Tages hinter mir lassen. Doch mein Verstand ist so geschäftig und mein Körper so verspannt, daß ich mich nicht entspannen kann.

Erinnerungen an ein Kind steigen auf, das dem Geschrei und den Streitereien zuhört. Ich sehe einen kleinen Jungen im Bett liegen. Seine Gedanken drehen sich im Kreis bei dem verzweifelten Versuch, irgendeinen Sinn in diesen Verrücktheiten zu entdecken. Dieser innere Fünfjährige bleibt auf der Hut, damit ihm kein Leid geschieht.

Wenn ich heute abend zu Bett gehe, will ich in Gedanken mein inneres Kind in den Armen halten. Ich will es in schützendes Licht einhüllen und ihm die Sicherheit geben, nach der es so verzweifelt verlangt und die es so dringend braucht. Ich will in sanftem Ton voller Liebe und Bestätigung mit ihm sprechen. Ein Gefühl des Friedens durchströmt meinen Körper und mein Bewußtsein. Ich bin innerlich ruhig und still, während ich mein inneres Kind mit meiner Liebe in den Schlaf wiege.

Ich kann mir selbst helfen.

Als ich ungefähr drei Jahre alt war, hatte ich schon gelernt, wie ich andere dazu bringe, Dinge für mich zu tun – ich gab mich schwach und hilflos. Wenn ich nur lange genug jammerte und schluchzte, brachte mir jemand mein Spielzeug, gab mir jemand einen Keks oder hob mich auf und trug mich, wohin ich wollte.

Auch als ich erwachsen war, funktionierte diese Methode sehr gut. Wenn irgend etwas schiefging, weinte ich, um jemandes Mitgefühl zu erregen und seine Hilfe zu bekommen, statt zu lernen, meine Probleme selbst zu lösen. Nach einigen Jahren glaubte ich schließlich selbst, daß ich hilflos sei.

Heute will ich dem dreijährigen Kind in mir beibringen, sich auf seine eigene Stärke zu stützen. Statt zu weinen und zu jammern, wenn die Dinge nicht so laufen, wie ich will, will ich herausfinden, was nicht in Ordnung ist, und Wege finden, die Dinge zu korrigieren. Ich kann mir selbst helfen.

Meine Regeln unterstützen mich bei meiner Gesundung.

Ein Kind stellt die geltenden Regeln in Frage. Wenn der Bruder oder die Schwester länger aufbleiben dürfen als gewöhnlich, dann fragt es: »Warum ich nicht auch?« In einer gesunden Familie sind die Fragen des Kindes den Eltern ein willkommener Anlaß zur Belehrung. Der Bruder oder die Schwester sind vielleicht älter oder feiern ein besonderes Ereignis. Kinder mögen unter Umständen bestimmte Regeln nicht, aber sie gewähren Sicherheit. Wenn ein Kind Fragen stellen darf, wächst sein Intellekt, und es entwickelt sich Selbstdisziplin.

Mein inneres Kind stellt die Regeln in Frage, die ich für meinen Gesundungsprozeß eingeführt habe. Mit zunehmendem Wachstum lerne ich Regeln aufzustellen, die sich auf Selbstachtung gründen.

Heute sollen mir die Fragen meines inneren Kindes eine willkommene Lerngelegenheit sein. Ich will Regeln auswählen und befolgen, die mein Wachstum unterstützen.

*Ich habe ein Recht, alles zu ernten,
was ich mir vom Leben wünsche.*

Im Herbst denke ich an die Erntezeit. Ich habe das Jahr hindurch hart gearbeitet, und jetzt ist es an der Zeit, ein paar der guten Dinge, die ich gesät habe, einzusammeln. So wie für jeden Getreidehalm ein Same gesät wurde, setzt jede gute Auswirkung eine Ursache voraus. Um mich an meiner Ernte freuen zu können, mußte ich gesunde Ideen pflanzen, denen positive Aktionen folgten.

Wenn ich zur Erntezeit von den Feldern mit einem »leeren Korb« nach Hause komme, dann habe ich meinem Genesungsprozeß vielleicht nicht die Bedeutung gegeben, die ihm zukommt. Wenn ich auf einen beständigen Vorrat an allem, was die Fülle des Lebens zu bieten hat, zählen möchte, muß ich mein eigenes Feld bestellen. Renne ich nur rastlos meinen Geschäften nach? Oder bin ich mir meiner Muster bewußt und versuche sie aktiv zu verändern? Verdiene ich eine satte Ernte? Heute will ich ganz bewußt die Gedanken einpflanzen, die mir helfen, das zu erreichen, was ich mir wünsche.

Es ist in Ordnung, wenn ich um Hilfe bitte.

Es geniert und beschämt mich, andere wissen zu lassen, daß ich Bedürfnisse habe. Als Kind erhielt ich die Botschaft, daß ich mich mit dem Erwachsenwerden beeilen sollte. Ich lernte, daß die Bitte um Hilfe entweder zur Katastrophe oder zu Enttäuschungen führte. Für mich ist es wichtig, daß ich um die Fürsorge zu bitten lerne, die ich brauche. Auch muß ich erkennen, daß schon die Aufgabe, sich um sich selbst zu kümmern, für eine Person allein manchmal zuviel ist.

Bisweilen brauche ich Hilfe, um durchzukommen. Manchmal brauche ich die körperliche Stärke von jemandem, das elektronische Wissen eines anderen, den juristischen oder medizinischen Rat wieder eines anderen. Ein andermal tut mir eine Umarmung oder ein offenes Ohr gut.

Andere sind bereit zu geben ... sofern ich darum bitte.

Ich entdecke meinen Wesenskern.

Heute spüre ich eine Regung in mir. Vom Trauma der Vergangenheit befreit, möchte sich mein Wesenskern nun zeigen. Das innere Kind, das lange schlief, erwacht jetzt in der Umgebung der Liebe, die ich um mich herum geschaffen habe, zum Leben.

Das Überleben war das Hauptthema meiner frühen Jahre, das Überleben nach emotionalen und körperlichen Mißhandlungen. Um mich zu schützen, begrub ich meine wahre Identität unter einer starr diktierten Rolle.

Auch als ich erwachsen war, blieb mein wahres Selbst auf Tauchstation, bis meine Fassade zu bröckeln begann und schließlich zerfiel. Wenn dieser Zusammenbruch auch schmerzlich ist, so mischt sich in den Schmerz doch auch Freude, da mein wahres Ich endlich auftaucht.

Heute will ich diese inneren Regungen begrüßen. Ich will gründlich erkunden, was es heißt, diese wunderbare, einzigartige Person zu sein, die ich bin.

Heute beachte ich die Entwicklungszyklen meines Ichs.

In meiner Elternschaft für mein inneres Kind begrüße ich heute die wichtigen Entwicklungszyklen. Es gibt Zeiten, in denen ich mich wie ein Baby fühle und gestillt werden möchte. Dann wieder fühle ich mich trotzig und eigensinnig wie ein verdrießliches zweijähriges Kind. Wenn meine pubertären Gefühle auftauchen, spüre ich den Drang sexueller Energie und den Impuls zu hitziger Rebellion. Heilung tritt ein, wenn ich mein inneres Kind in allen Altersstufen achte, in denen es sich mir zeigt.

Manchmal fühle ich mich, was meinen Gesundungsprozeß angeht, in einer Sackgasse oder ungeduldig. Ich will nicht wieder alte Gefühle aufkochen oder alte Themen bearbeiten. Doch jetzt bin ich klüger als zu Beginn meines Genesungsprozesses, und meine Reife erlaubt mir, zu tieferen Verständnisebenen zu gelangen. Ich will die kritischen inneren Stimmen des Zweifels und der Ungeduld zum Schweigen bringen.

Heute bringe ich in alte Themen und Erinnerungen neue Erfahrungen ein. Heute beachte ich die Entwicklungszyklen meines Ichs.

Heute höre ich sehr genau auf meine innere Stimme.

Als ich aufwuchs, hörte ich Stimmen, die mir sagten, wer ich sei und was aus mir werden würde. Es waren zumeist negative Botschaften, die mein Leben bitter machten.

Das Hören auf diese Stimmen hat für mich keine Bedeutung mehr. Heute will ich sie ausblenden. Ich will statt dessen auf die leise Stimme in mir achten, die darum kämpft, sich Gehör zu verschaffen. Diese Stimme kennt die Wahrheit, weiß, wer ich bin und was ich werden kann.

In der Vergangenheit mußte ich auf die negativen Stimmen hören, weil es keine anderen gab. Heute umgibt mich ein Chor von positiven Stimmen. Ich will nur auf die Stimmen hören, die mich akzeptieren, ermutigen und mir die Wahrheit über die Person sagen, die ich jetzt bin. Vor allem will ich sehr genau auf diese leise innere Stimme hören, die darum kämpft, sich Gehör zu verschaffen.

Heute will ich Spielkameraden für mein inneres Kind finden.

Heute will ich einen Spielkameraden für mein inneres Kind finden. Enge Freunde unterstützen einander und haben aneinander Freude, aber Spielkameraden können auch Zufallsbekanntschaften oder Fremde sein. Auf dem Spielplatz schaukeln Kinder Seite an Seite mit Kindern, die sie gar nicht kennen. Ein Kind mag sich vom Lachen eines anderen Kindes oder seinem leuchtend farbigen Pullover angezogen fühlen. Sie suchen einander aus und rennen davon, um sich zusammen an der Kletterstange oder auf der Wippe zu vergnügen.

Auch Erwachsene, die sich fremd sind, können aneinander Gefallen finden. Sie lachen gemeinsam über einen Witz, während sie an der Bushaltestelle warten, oder schwitzen im Verein in einem Fitneßcenter. Manchmal entwickelt sich daraus eine Freundschaft, die tiefer werden mag oder auch nicht. Jedenfalls können die Bande, die durch dieses gemeinsame Vergnügen entstanden, jahrelang halten. Ich kann einen solchen Bekannten anrufen und mit ihm über etwas lachen, oder mich mit ihm für einen fröhlichen Abend verabreden.

Heute will ich die Gelegenheiten zu spielerischen Freundschaften willkommen heißen. Heute will ich für mein inneres Kind einen Spielkameraden finden.

Heute will ich mich einfach sein lassen.

Für kleine Kinder hat die Zeit keine Bedeutung. Uhren und Zeitpläne bedeuten nichts. Sie schlafen, wenn sie schläfrig sind. Sie wachen auf, wenn ihnen nicht wohl ist, sie ausgeruht sind oder etwas brauchen. Sie essen, wenn sie hungrig sind.

Ich lege meine Uhr ab und will mir einen Tag lang meinen eigenen Zeitplan machen. Ich will einen Tag finden, an dem ich einfach *sein* kann. Für eine bestimmte Zeit will ich mich nur ausruhen. Dann will ich nur sein – sein, der ich bin. Dann will ich essen. Meine Bedürfnisse bestimmen die Aktionen dieses Tages.

Ich kümmere mich um mein inneres Kind auf eine Weise, die es genießt. Wenn es geschaukelt werden will, dann schaukle ich es. Wenn es gestillt werden möchte, dann habe ich Saft oder eine Süßigkeit parat. Ich nehme mich meines inneren Kindes an, und das ist ein gutes Gefühl.

Am Ende des Tages wickle ich mich in meine Decke und denke daran, wie schön es doch ist, einfach zu sein – zu sein, der ich bin.

Ich will die Bedürfnisse meines inneren Kindes erfüllen – jetzt.

Seit meiner Kindheit habe ich nach dem Prinzip gelebt: Erst die Arbeit, dann das Vergnügen. In meinem zerrütteten Elternhaus gab es wenig Unbeschwertheit oder Spaß. Schmerz war die vorherrschende Erfahrung. Das Vergnügen war immer etwas, das später kommen sollte, wenn das gegenwärtige Trauma vorüber war.

Nun, dieses »später« schien nie einzutreffen, und ich wurde mit einer verzerrten Sicht vom Leben erwachsen. Ich glaubte, daß die Gegenwart der Arbeit und der Lösung von Problemen vorbehalten sei und die Zukunft dem Vergnügen ... vielleicht.

Aber es ist noch nicht zu spät, ich kann noch immer meinem inneren Kind helfen, das Spielen zu lernen. Tatsächlich muß ich, wenn ich gesunden soll, lernen, ein Gleichgewicht zwischen Arbeit und Vergnügen herzustellen.

Heute will ich mir Zeit für die unbeschwerte Freude und für die Arbeit nehmen.

Ich nehme für mich die Vorstellung von einem liebenden Gott an.

Manchmal fällt es mir schwer, die Vorstellung von einem mich bedingungslos liebenden Gott anzunehmen. Ich weiß, daß die Entwicklung einer gesunden spirituellen Grundlage unverzichtbar zu meinem Genesungsprozeß gehört. Aber bis heute bin ich mir eines ständig gegenwärtigen Zweifels bewußt, der in meiner Seele lauert. Wie könnte Gott einen Fehler lieben? Wie kann es sein, daß ein so kostbares Kind so bösartig bestraft wird? Das Aufwachen in meinem zerrütteten Elternhaus blockierte mein spirituelles Potential. Unseligerweise füllte ich diese Leere mit destruktiven Vorstellungen aus, die sich auf die Wahrnehmungen eines verängstigten Kindes gründeten. Wenn ich einen Fehler machte, bestraften mich meine Eltern, indem sie sagten, daß ich schlecht sei, und mir androhten, daß Gott mich bestrafen würde. Kein Wunder, daß der Gedanke an eine höhere Macht mir jetzt so wenig Trost schenkt.

Heute will ich mein verängstigtes inneres Kind auf den Schoß nehmen. Ich will über Glaube, den Sieg des Guten und Erfüllung sprechen.

Ich will meiner Wut eine Stimme geben.

Das Leben in meinem Elternhaus war, wie wenn man ein Boot durch einen Hurrikan steuerte. Ich lebte in ständiger Angst, in den plötzlichen Ausbrüchen und unvorhersehbaren Wutanfällen meiner Eltern zu kentern. »Schrei mich nicht an!« brüllte mein Vater oder meine Mutter. »Ich bin hier der Erwachsene, du bist das Kind! Geh in dein Zimmer!«

Es wurde viel Wut auf mir abgeladen, aber ich konnte meine eigene Wut nicht äußern. Mir jagte die Wut anderer Schrecken ein. Ich versuchte, meine Welt ruhig zu halten.

Weil ich nicht gelernt habe, meine Wut zu äußern, kommt sie verquer heraus. Sie winselt. Sie maskiert sich mit falscher Honigsüße. Manchmal ist meine Wut sogar mir verborgen, und ich bekomme eine Depression.

Heute will ich mein inneres Kind seine Wut zum Ausdruck bringen lassen. Wenn ich meine Wut mit ihrer eigenen Stimme sprechen lasse, überbringt sie eine sehr präzise Botschaft und wartet auf eine Antwort. Ich fürchte mich nicht vor meiner Wut.

Heute will ich Vergnügen an meiner Selbstdisziplin haben.

Im Winter ist der Baum vor meinem Fenster kahl. Äste wachsen aus einem Stamm. Jeder Ast trägt Zweige, aus denen die Blätter sprießen werden. Sein geordnetes Wachstum dient mir als Vorbild.

Auf dem Weg zur Genesung lerne ich mich in meinem Wachstum zu unterstützen, indem ich gesunde Regeln aufstelle und Ordnung schaffe. Ich gründe meine Selbstdisziplin auf Selbstachtung statt auf die Angst vor dem Verlassenwerden oder vor Bestrafung.

Als Kind lebte ich im Chaos. Manche Regeln waren sehr starr, andere waren gar nicht vorhanden. Ich lernte, ob hungrig oder nicht, alles aufzuessen, was auf dem Teller lag, aber ich lernte keine Regeln über die richtige Ernährung. Ich lernte, höflich zu sein, aber keine Regeln für die Entwicklung von Beziehungen.

Heute will ich Vergnügen an meiner Selbstdisziplin haben. Ich will mich an angemessene Regeln halten, die in meinen Gesundungsprozeß Ordnung bringen.

Ich lasse meine Vergangenheit los und nehme meine neue Freiheit freudig an.

Die Dampflokomotive zieht zischend den Zug über die Gleise und läßt die Vergangenheit hinter sich. Ich sitze in einem der Waggons, schaue aus dem Fenster und denke an das, was zurückgelassen wurde. Manches erinnert mich an das viele Gepäck zu meinen Füßen. Es ist schwierig, mit all diesem Gepäck durchs Leben zu reisen. Es ist Zeit, daß ich meine Last erleichtere und einige Dinge, die ich nicht mehr brauche, loswerde.

Ich gehe bis zum Ende des Zugs und kämpfe mit einer Tasche, vollgestopft mit den Einstellungen der Familie, aus der ich komme. Ich kämpfe mit meinem Bedürfnis, mich um jedermann, der mir über den Weg läuft, zu kümmern, und meinem Wunsch, andere zu manipulieren. Ich stehe auf der Plattform des Waggons und hieve die Tasche auf das Fallgitter. Dann stoße ich sie vom Zug – endlich bin ich frei.

Heute will ich nutzloses Gepäck abwerfen.

Heute lerne ich mein inneres Kind zu erfreuen.

Mein inneres Kind liebt die Erkundung neuer Seinsweisen. Es stellt sich vor, wie es in einer anderen Zeit in einem anderen Land lebt. Es stellt sich vor, der feine Wasserschleier zu sein, der über den Felsen unten am Wasserfall aufsteigt.

Als ich ein Kind war, akzeptierten meine Eltern meine Erkundung neuer Seinsweisen nicht. So lernte ich, auf eine Weise zu denken und mich zu verhalten, die mich in meinem Selbst einengte.

Auf dem Weg zur Gesundung entdecke ich erstaunliche Aspekte in mir, die mich entzücken, aber mir manchmal auch Angst machen. Ich kann sie erkunden, weil ich sicher in mir geerdet bin.

Heute will ich mit meinem inneren Kind so tun als ob. Ich stelle mir vor, eine andere Person oder ein Gegenstand zu sein. Ich mache Tier- oder Maschinengeräusche. Ich fühle mich sehr seltsam oder albern, je nachdem, was meinem inneren Kind gefällt.

Heute will ich mein verschrecktes inneres Kind beruhigen.

Das Aufwachsen in meiner Familie erinnerte mich oft an Nikolaus. Ich wußte nie, ob meine Eltern uns Fürsorge und Zuneigung zukommen lassen oder uns mit Beschimpfungen und Schlägen traktieren würden. Die Maske der Sucht war in meinem Zuhause allgegenwärtig, und ich lebte in angstvoller Erwartung, was das Leben wohl bringen würde. Jetzt muß ich mich dem Geist des verschreckten Kindes stellen, der mich heimsucht. Das verängstigte kleine Kind haßt Überraschungen und bleibt mental auf der Hut, um sich vor Leid zu schützen.

Heute nacht ist Nikolaus. Wenn mein inneres Kind an die Tür meines Bewußtseins klopft, will ich sie öffnen und es mit einem Lächeln begrüßen. Ich will ihm sagen, daß es tief in den Sack der Freuden und Genüsse greifen und sich soviel nehmen soll, wie es braucht, und zurückkommen soll, wann immer es will. Gemeinsam lernen wir, gut behandelt und nicht traktiert zu werden.

Ich lerne, mich auf die freudigen Überraschungen gefaßt zu machen, die das Leben bereithält. Ich weiß, daß ich mit den Geistern und Kobolden meiner schmerzhaften Kindheit fertig werden kann, wenn sie an meiner Türschwelle erscheinen.

*Heute wähle ich das aus,
was für mich richtig ist.*

Heute sehe ich eine ganze Palette von Wahlmöglichkeiten in meinem Leben. Ich muß nicht zwischen Schwarz und Weiß wählen; ich kann mich zum Beispiel auch für Rot und Gold entscheiden. Ich muß nicht immer zwischen richtig und falsch wählen; ich kann das machen, was für mich zum jeweiligen Zeitpunkt das Beste ist.

In Familien, die nicht funktionieren, wird die Wahl aus der Angst heraus getroffen. Um Gefühle von Angst und Unzulänglichkeit zu reduzieren, teilen die Eltern hier alle Wahlmöglichkeiten in richtig oder falsch auf. Ich wuchs ohne Wahlmöglichkeiten auf. Es gibt keine freie Wahl, wenn alle anderen Alternativen zur Bestrafung führen; wahre Alternativen sind positive Möglichkeiten.

Heute will ich Wahlmöglichkeiten als Gelegenheiten begreifen. Ich will eine ganze Anzahl von Optionen erkunden und dann eine Wahl treffen. Die Optionen, die ich heute überdenke, bieten mir die Möglichkeiten von morgen.

Heute will ich mich meiner Wut stellen.

Kinder streiten sich und kämpfen um Regeln und Spielsachen und Grenzen. Sie versuchen, einander mit Versprechungen und Drohungen zu manipulieren. Und wer gewinnt am Ende?

Alle Kinder tun das, weil sie bei jedem Kampf wichtige Lektionen über andere und sich selbst lernen. Sie lernen, wann sie Kompromisse machen und wann sie an etwas festhalten müssen, das ihnen wichtig ist. Und sie lernen auch, wann sie sagen müssen: »Nein, das mach ich nicht! Und du kannst mich nicht dazu zwingen.« Diese Worte kommen mir in meinem Erwachsenenleben gerade recht.

In meinem Elternhaus war es gefährlich, Wut zu äußern. Folglich renne ich vor Konflikten oft davon. Heute will ich mich dem stellen, was möglicherweise weh tut. Denn ich weiß, daß ich schließlich daraus lernen werde. Und zu lernen heißt den Krieg gewinnen, auch wenn ich vielleicht die Schlacht verliere.

Heute will ich die Energie meines inneren zweijährigen Kindes nutzen, um für mich selbst einzutreten.

Meine Kompetenz nimmt zu, und ich messe meine Fähigkeiten an realistischen Normen.

Ich messe meine Kompetenz an realistischen und objektiven Normen. Dies ist kein Urteil über meinen Selbstwert. Ich erwarte keine Vollkommenheit. Ich lerne neue Fähigkeiten zu meistern, und Normen sind nur ein Maßstab, der mir bei meinem Wachstum hilft.

Als erwachsenes Kind beurteile ich meine Bemühungen sehr streng. Ich vermied objektive Kommentare über meine Arbeitsleistung und meine gesellschaftlichen Interaktionen. Und so hörte ich oftmals keine Worte des Lobes und der Bewunderung. Aber ich gründete mein Selbstwertgefühl auf die Anerkennung von seiten anderer.

Als Erwachsener auf dem Weg zur Gesundung kann ich nun von meinem Perfektionismus lassen. Ich kann um Stellungnahmen bitten und es mir anhören, und ich kann der Meinung anderer beipflichten oder anderer Ansicht sein. Ich beobachte das Verhalten und die Leistung anderer, und ich kann ihre Normen akzeptieren oder ablehnen.

Heute will ich meine Fähigkeiten realistisch einschätzen und meine Erfolge wie auch meine Fehler anerkennen.

*Mein inneres Kind ist spielerisch,
schön und ausdrucksvoll.*

In mir ist ein Kind, das Liebe und Aufmerksamkeit braucht. Dieses kostbare Kind weiß, wie man spielt und Liebe annimmt. Dieses kostbare Kind entdecke ich nun.

Heute will ich meinem inneren Kind mein Herz öffnen, und ich weiß, daß es noch immer in mir lebt. Den Tag über will ich Erinnerungen an meine Kindheit an mir vorbeiziehen lassen. Ich weiß, daß diese Erinnerungen, gleich ob schmerzlich oder erfreulich, mir bei der Entdeckung eines wichtigen Teils von mir helfen werden, den ich ignoriert habe.

Ich will dieses innere Kind mit Zärtlichkeit und Wärme pflegen und nähren. Ich liebe und akzeptiere es und spüre, wie dieser wunderbare spielerische Teil von mir zum Vorschein kommt.

Ich lerne für mich selbst zu sorgen.

Als ich laufen lernte, fiel ich sehr oft hin. Wenn ich in Tränen ausbrach, sagten mir Erwachsene wie Kinder, ich solle mit dem Heulen aufhören. Also lernte ich, nicht mehr zu weinen. Aber trotzdem hatte ich manchmal Schmerzen, und dann gab es niemanden, der mich tröstete. Ich lernte, mit meinem Schmerz zu leben, aber nicht, wie ich ihn zum Verschwinden bringen konnte.

Heute lerne ich, mich selbst zu trösten. Wenn ich Schmerzen habe, dann erlaube ich mir zu weinen. Ich lasse die Tränen meinen Schmerz wegwaschen. Ich lege die Arme um mich und umarme mich ganz fest. Ich drücke ein großes weiches Kissen an mich und vergrabe meinen Kopf darin. Ich wiege mich sanft vor und zurück, bis der Schmerz und die Verspannung aus meinem Körper weichen. Ich sitze einen Augenblick still da und mache ein paar tiefe Atemzüge.

Allmählich empfinde ich ein Gefühl der Befriedigung. Ich lerne, für mich selbst zu sorgen.

Ich bin für mich selbst verantwortlich.

Als Kind wurde mir beigebracht, daß ich für die Erwachsenen in meinem Umfeld verantwortlich sei. Irgendwie fühlte ich mich für die guten und schlechten Dinge, die ihnen widerfuhren, verantwortlich.

Ich sprach, handelte und atmete sogar auf eine Weise, die sie, wie ich hoffte, glücklich machen würde. Das funktionierte manchmal, und manchmal auch nicht.

Heute verstehe und akzeptiere ich, daß ich über die Handlungen und Emotionen anderer Menschen keine Kontrolle habe, wie auch niemand über die meinen Kontrolle hat. Die kindliche Einstellung: »Er brachte mich dazu«, kann mir nicht länger als Ausrede dienen, mich nicht für meine Taten verantwortlich zu fühlen.

Meine Emotionen sind okay. Die Emotionen meiner Mitmenschen sind okay. Ich will meine Einzigartigkeit und die Einzigartigkeit anderer bekräftigen.

Heute will ich mich vom Universum führen lassen.

In meiner chaotischen Familie sah das Haus immer wie ein Trümmerhaufen aus. Ich konnte auf niemanden zählen. Wenn ich mich der Dinge nicht annahm, dann wurden sie nicht gemacht. Ich hatte das Gefühl, daß mein Leben völlig außer Kontrolle geraten würde, wenn ich mich nicht um jede winzige Kleinigkeit kümmerte. Und ich hatte Angst vor dem, was mir in einer unbekannten Welt passieren könnte.

Auch heute, da ich erwachsen bin, verwendet mein inneres Kind noch sehr viel Energie darauf, alle Aspekte meines Lebens zu kontrollieren, und ich bin müde geworden.

Heute will ich mich vom Universum führen lassen. Ich will ganz still sein, alle meine vorgefaßten Meinungen fallen lassen, alle meine Sinne öffnen und mich vom Leben leiten lassen. Wenn ich eine Stimme rufen höre, dann will ich ihr zuhören. Wenn mir ein neuer Gedanke kommt, will ich ihn wie einen neuen Freund begrüßen. Mein inneres Kind kann sich in der Weisheit des Universums sicher fühlen.

Meine Gesundung ist eine Bestätigung für meine Vitalität.

Das Gute an meinem Wesen ist lebensbejahend. Ich wähle das, was für meine Genesung guttut, und erreiche das Gute durch die Entfaltung meines menschlichen Potentials.

Meine höhere Macht bestätigt jeden Teil der Schöpfung: »Und es ist gut.« Das Gute ist mehr als Schönheit oder hohe Leistung; die Blume, die aus dem Samen über die Knospe zur Blüte heranreift, erfüllt das Potential, zu dem sie geschaffen wurde.

Als Teil der Natur erfülle ich mein Potential, indem ich menschlich lebe. Ich erfülle mein menschliches Potential, indem ich meine Individualität entfalte. Ich akzeptiere die schöpferische Kraft meiner höheren Macht in meinem Leben und nehme durch meine Gesundung an meinen eigenen Schöpfungen teil.

Meine Gesundung ist lebensbejahend, und ich bin okay.

Ich lerne, meiner höheren Macht zu vertrauen.

Heute will ich danach streben, der bedingungslosen Liebe meiner höheren Macht zu vertrauen und sie zu empfangen.

Doch es gab Zeiten, in denen ich in mir eine Barriere spürte, die mich Gottes bedingungslose Liebe nicht akzeptieren ließ. Diese Barriere stammt aus meiner Kindheit. Die Liebe meiner Eltern war grundsätzlich an Bedingungen geknüpft: »Ich liebe dich, *wenn* …« Nie hieß es: »Ich liebe dich bedingungslos.«

Folglich mußte ich mein ängstliches inneres Kind die Bedeutung der Liebe lehren, indem ich es mit der bedingungslosen Liebe überhäufte, die es nie erhalten hat. Und so, wie es die heilende Berührung meiner Liebe annimmt, will auch ich für mich Gottes bedingungslose Liebe annehmen. Alle Verspannungen weichen aus meinem Körper, und ich fühle mich im Frieden, während Gott flüstert: »Wie du dein Kleines liebst, so liebe ich auch dich.«

Heute will ich meine Emotionen akzeptieren und begrüßen.

Ein kleines Mädchen sitzt still da und lauscht auf die verschiedenen Stimmen des Windes. Manche sind weich und schmeichelnd, andere gewaltsam und zornig. Manche erzählen etwas, manche singen, manche lachen. Eine Stimme mag liebenswerter sein als eine andere, aber jede hat ihren besonderen Sinn. Und wenn der Wind nicht gerade zerstörerisch ist, sind alle Stimmen akzeptabel.

Fast mein ganzes Leben lang habe ich die inneren Stimmen meiner Emotionen zum Schweigen gebracht. Von jetzt ab will ich mich jedesmal, wenn ich den Wind höre, daran erinnern, daß meine Emotionen in Ordnung sind und ihre Gültigkeit haben.

Wenn ich heute spüre, wie meine Emotionen mich durchbrausen, will ich sie akzeptieren und begrüßen und mir in Erinnerung rufen, daß ihre Existenz okay ist.

Ich schaffe mir und meiner Welt eine Zukunft des Wachstums.

Teenager erhalten oft ambivalente Botschaften von den Erwachsenen. Einerseits werden sie ständig daran erinnert, daß »sie die Zukunft sind«. Andererseits werden sie gelehrt, »daß die Dinge immer gleich bleiben«. Bevor sie noch mit ihrer Zukunft begonnen haben, sind sie schon verdammt, die Vergangenheit zu wiederholen.

Als erwachsenes Kind fühlte ich Verzweiflung und Hoffnungslosigkeit, weil die großen Probleme in meiner Familie permanent anhielten. Ich übertrug die Erfahrungen mit meiner Familie auf die Welt im allgemeinen. Ich fühlte mich verantwortlich für die Lösung aller Probleme in dieser Welt, oder ich verweigerte mich jeglicher gesellschaftlicher Verantwortung.

Auf dem Weg zur Gesundung lerne ich, daß eine Veränderung möglich ist. Ich beobachte meinen und den Gesundungsprozeß anderer, sehe, wie wir allmählich heilen und wachsen. Ich ersetze die Verzweiflung durch Hoffnung, schaffe mir damit eine echte Zukunft des Wachstums und kann mir eine gesunde Zukunft für meine Welt vorstellen.

Ich habe mit meinem Entwicklungsprozeß Geduld.

Ein Schriftsteller spinnt die Fäden einer Geschichte, schreibt einen Satz nach dem anderen. Jeder Satz baut auf dem vorangegangenen auf, so entstehen Absätze, dann Kapitel und schließlich ein ganzes Buch.

Ähnlich lernt ein Kind, erst sich umzudrehen, dann zu krabbeln, dann zu stehen und schließlich einen Schritt nach dem anderen zu machen.

Es liegt nun in meiner Macht, heute mein ganzes Leben umzuschreiben. Mein Gesundungsprozeß geht langsam voran, ist voller Stops und neuer Ansätze. Ich gehe in die eine Richtung, nur um dann zu wechseln und eine andere Richtung einzuschlagen. Ich lasse mir die Freiheit, anzufangen, zu stolpern und die Richtung zu ändern, was mir dabei hilft, mir ein gesünderes Leben zu schaffen.

Heute will ich einen Satz in meiner neuen Geschichte schreiben. Ich will meinen Bemühungen applaudieren und sanft mit mir sein.

Ich unternehme Schritte zur Erfüllung meiner Wünsche.

Heute feiere ich mein glänzend gelauntes inneres Kind, das die Grenzen meines Wachstums hinausschiebt. Ich fühle mich voller Leidenschaft und Energie, während ich mir neue Möglichkeiten für mein Leben ausmale.

Ich tilge alle Zweifel und Verpflichtungen aus meiner Vergangenheit. Ich fühle, wie das Gewicht alter Bürden von mir abfällt. Mein Körper ist entspannt, und ich gehe mit federnden Schritten.

Ich vertraue darauf, daß meine Wünsche die Grundlage meiner Freiheit sind. Freiheit in diesem Sinn kann bedeuten, daß ich mich völlig unkonventionell kleide, aus der Menge ausbreche oder bei einer Versammlung die Stimme erhebe.

Heute will ich mir einen Wunsch aussuchen und einen Schritt zu seiner Erfüllung tun.

Heute will ich meine kindliche Imagination einsetzen, um widrige Umstände zu verändern.

Da ist ein Steinhaufen auf einem ansonsten freien Gelände. Niemand denkt weiter über ihn nach. Fußgängern, die eine Abkürzung nehmen, mag er vielleicht im Weg sein. Schlimmstenfalls ist er ein Problem für den Besitzer, wenn er auf dem Gelände bauen will.

Doch für die Kinder, die sich dort versammeln und spielen, sind die Steine von großem Vorteil. Wenn man sie so legt, können sie die Mauern einer Burg sein. Dorthin gebracht und aufgeschichtet werden sie zum Gehege imaginärer Pferde. Große flache Steine bezeichnen das Spielfeld für ein Ballspiel. Winzige Steine sind das Picknick für die Puppe, die einen Ausflug macht. Schöne Steinchen werden in die Hosentasche gesteckt, um später bewundert zu werden.

Heute will ich aus den Steinen in meinem Leben etwas bauen. Ich will meine kindliche Imagination einsetzen und die Steine zur Verbesserung meines Lebens nutzen, statt mich von ihnen behindern zu lassen.

Ich kann durchsetzungsfähig sein und Schwächen zeigen.

Heute will ich auf dem schmalen Grat zwischen Machtbewußtsein und dem Eingeständnis von Schwächen wandern.

Mein verwundetes inneres Kind möchte sich entweder in die starre Rolle des harten Burschen, der niemanden braucht, oder in die Abhängigkeitsrolle des ohnmächtigen Opfers flüchten. Heute will ich dieses innere verängstigte, kleine Kind lieben und ihm versichern, daß beide Bedürfnisse erfüllt werden.

Auch wenn es unbequem ist, will ich heute beide Gefühle in der Balance halten. Ich bin eine machtvolle Person mit vielen Fähigkeiten und einem großen Potential, aber ich bin auch eine Person, die Schwächen hat. Ohne abhängig zu werden, will ich mich heute in der Weise öffnen, daß mir andere bei der Lösung meiner Schwächen helfen können. Ebenso will ich an meiner persönlichen Macht festhalten, ohne damit unnahbar zu werden.

Ich lerne die Fähigkeiten, die ich brauche, um mein Leben zu verbessern.

Ein kleines Mädchen übt sich auf dem Schulhof im Seilspringen; die Zöpfe hüpfen auf und ab. Sie verhaspelt sich, hält inne und beginnt von neuem. Sie singt einen kleinen Vers, der ihr hilft, den Rhythmus zu halten. Sie vertut sich wieder, verlagert das Seil und hüpft weiter.

So vieles in meinem Leben ist mir neu. So vieles von dem, was ich tue und fühle, war nicht Bestandteil meiner Kindheit. Und manchmal stolpere ich. Wenn ich heute stolpere, will ich an das kleine Mädchen im Schulhof denken – wie sie einen Augenblick innehält, sich sammelt und neu beginnt. Durch geduldige Wiederholung lernt sie, sich in ihrer Fähigkeit zu steigern. Durch meine Wiederholung der neu erlernten Dinge werde ich mich in den Fähigkeiten verbessern, die ich für ein gesundes Leben brauche.

Und während ich lerne zu wachsen, will ich mir Verse mit Worten der Affirmation vorsingen: »Ich kann, ich will, ich wähle, und alles ist okay.« Heute werde ich die beste Seilspringerin auf dem Schulhof sein.

Heute will ich meine Tränen fließen sehen.

Tränen sammeln sich in einem plumpen Gefäß in meiner Brust. Ich weiß, das Gefäß ist voll, aber ich kann es nicht leeren. Mein inneres Kind sagt mir, daß Erwachsene nicht weinen. Es ist ungehörig, andere zusehen zu lassen, wie der Schmerz herauströpfelt, nicht wahr? Weinen bedeutet Schwäche, und wir können nicht schwach sein, wir müssen stark sein.

Heute will ich die Tränen kommen lassen. Ich will akzeptieren, daß Tränen ein Zeichen des Schmerzes sind. Und es ist ganz in Ordnung, Schmerz zu spüren. Tränen sind ein Zeichen der Heilung. Und ich möchte heilen.

Sind die Tränen in diesem Gefäß allzu fest verschlossen, dann schaue ich mir vielleicht einen traurigen Film an, um sie zu befreien. Oder ich lese eine traurige Geschichte. Oder ich erinnere mich an den schrecklichen Tag, als ...

Ich werde die Tränen nicht aufhalten. Sie sollen rinnen, bis sie von allein versiegen. Gereinigt und erfrischt bin ich für einen neuen Tag bereit.

Ich schaffe mir eine Weihnachtszeit, die etwas ganz Besonderes ist.

Die Klänge der Weihnachtszeit umgeben mich, aber ebenso die Dissonanzen der Erinnerungen aus der Vergangenheit – schmerzliche Erinnerungen, die mich wünschen lassen, diese Zeit ginge vorüber, ohne daß ich daran teilhätte oder irgend etwas davon mitbekäme.

Heute will ich Pläne machen, damit diese Zeit für mich zu etwas ganz Besonderem wird. Ich will einen Entschluß fassen, wie ich sie gestalten möchte. Wenn ich von meinen Lieben umgeben sein will, dann plane ich Zusammenkünfte, die meinen Bedürfnissen entsprechen. Wenn ich allein sein will, um über das Wunder dieser Zeit nachzusinnen, dann plane ich etwas, um dieses Wunder noch größer zu machen. Ich frage mein inneres Kind um Rat, wie diese Zeit zu etwas Besonderem gemacht werden kann.

Ich werde nicht zulassen, daß diese Weihnachtszeit in Unschlüssigkeit verstreicht. Ich will eine Wahl treffen, was das Beste für mich ist. Ich will mich an dem erfreuen, was mich glücklich macht.

An diesem Feiertag besinne ich mich auf meinen Glauben.

Ein neugeborenes Baby kann seine Mutter oder seinen Vater nicht sehen und muß doch darauf vertrauen, daß sie da sind. Das ist für das Kind der Beginn der Formung seines Glaubens und seiner Spiritualität. Wenn die Eltern, weil sie suchtabhängig oder neurotisch sind, nicht präsent sein können, dann haben die Kinder Schwierigkeiten, einen soliden Glauben an sich selbst, an andere Menschen und ihre Umwelt zu entwickeln.

Doch es ist für mich so wichtig, daß ich an nicht Faßbares glaube. Ich brauche den Glauben, um zu wissen, daß das Leben besser sein kann, daß ich nicht im Schmerz leben muß.

An diesem Feiertag besinne ich mich auf die unsichtbaren Wunder dieser Welt. Ich staune über die Planeten, die kreisen, ohne zusammenzustoßen. Ich sinne über die unsichtbare Macht der Liebe nach, die das Leben verwandelt.

Ich öffne mich der Möglichkeit des Glaubens an mich selbst und meine Welt.

Ich schaffe mir eine Tradition gesunden Vergnügens.

In der Vergangenheit gaben die Erwachsenen ihre Kultur durch Volksfeste mit Spielen und Wettkämpfen weiter. Alt und jung waren zur Teilnahme eingeladen. Und während die Kinder mit den Erwachsenen spielten, lernten sie Regeln, Rituale und Traditionen. Sie sahen auch, daß die Erwachsenen Spaß hatten und sich lustig benahmen.

Heute ist es seltener geworden, daß Erwachsene und Kinder gemeinsam an Gruppenspielen teilnehmen. Kinder lehren einander die alten Spiele, Erwachsene tragen sportliche Wettkämpfe mit anderen Erwachsenen aus. Die Spiele der Kinder werden zunehmend von Erwachsenen überwacht und sind auf ungesunde Weise von Konkurrenzdenken bestimmt.

Heute will ich mich wieder an ein Gruppenspiel erinnern, das ich als Kind spielte. Ich will für meine Kinder und mein inneres Kind eine Familientradition gesunder Vergnügen aufleben lassen.

Ich vermittle meinem inneren Kind eine Struktur.

Ein Schwalbenpaar kehrt jedes Jahr an sein gemütliches Plätzchen unterhalb der Dachrinne meiner Veranda zurück. Es unternimmt Tausende von Flügen, um für die bevorstehende Ankunft seiner Jungen ein Nest zu bauen. Gemeinsam bauen sie an ihrer Zukunft.

In meiner Familie ließ sich nur schwer ein Fundament für die Zukunft errichten. Die aus vergangenen Mißerfolgen entstandene Angst blockierte die nötige Energie, um nach vorn schauen zu können.

Wie die Schwalben, die so viele Flüge für ihren Nestbau unternehmen, will ich mir viele Versuche gestatten und Geduld lernen. Mein inneres Kind wird etwas über Struktur lernen, während ich mir mein Fundament errichte. Ich will vertrauenswürdige Freunde zu Rate ziehen und sie nach ihren Ideen befragen. Ich werde mich nicht schämen, wenn ich nicht alles allein bewältigen kann. Mit Sorgfalt und Beharrlichkeit baue ich am Fundament meiner Zukunft und setze immer einen Stein auf den anderen.

Ich akzeptiere meine Menschlichkeit.

Ich kann mich von meinem Perfektionismus befreien und aus meinen Fehlern lernen. Mein inneres Kind ist ein furchtloser Schüler und weiß, daß Fehler zum Lernprozeß gehören. Fehler führen zu Wissen, und Wissen führt zum Erfolg.

Wenn ich einen Fehler mache und ihn akzeptiere, dann bin ich auf dem Weg, mein Ziel zu erreichen.

Als ich aufwuchs, fürchtete ich mich vor Fehlern und übernahm eine unangemessene Verantwortung für das, was in meiner Familie schiefging. Ich schränkte sowohl meine Risiken ein wie auch meine Gelegenheiten, Dinge zu erforschen.

Heute will ich mein inneres Kind befreien und es Dinge erkunden und Risiken eingehen lassen. Ich will meine Mißerfolge in Erfolge umwandeln und mich der Menschheit anschließen.

Ich erweitere meine Definition von mir selbst.

Heute suche ich mir meinen eigenen Namen, suche ich meine wahre Identität. Ich bin mehr als nur ein Kind suchtabhängiger Eltern, mehr als die Überlebende einer Blutschande. Ich muß meine Identität nicht nur mit diesen Etiketten benennen. Sie werden immer ein Teil meiner Identität sein, aber jetzt ist es an der Zeit, in mir nach mehr zu suchen.

Ich will mir Zeit nehmen und mir meinen Genesungsprozeß von Anfang bis heute anschauen. Ich habe meinem inneren Kind eine Stimme gegeben, und es wurde wieder heil und gesund. Ich habe meiner eigenen Wahrheit zur Geburt verholfen, mit deren Hilfe ich den Nebel meiner verzerrten Vorstellungen von meiner Familie, meinen Beziehungen und meinem Verhalten vertreiben konnte. Ich achte die Person, die ich gewesen bin, und freue mich über den Weg, den ich jetzt gehe.

Meine Identität erweitert sich, da sie nun Qualitäten wie Mut, Stärke, Integrität, Schönheit und Verletzlichkeit umfaßt. Weil ich nun mit meiner Geschichte Frieden schließe, ist meine Identität nicht mehr an die Tragödien meiner Vergangenheit gebunden. Ich definiere mich neu und erweitert und schließe so Gegenwart und Zukunft mit ein.

Ich erlaube mir zu empfangen.

Ich bin gewöhnt, auf mich selbst gestellt zu sein und mich nie darauf zu verlassen, daß andere mir durch eine Krise helfen. Als Kind mußte ich mich zu oft auf mich selbst verlassen und konnte meine Eltern, die nicht für mich da waren, nicht um Hilfe bitten.

Doch ich habe Freunde, die Teil meines Lebens sein wollen. Neue Freunde bieten mir an, was sie mir zu geben haben. Alte Freunde sind bereit, mir ein offenes Ohr zu leihen und mir auf der Grundlage dessen, was sie über mich wissen, guten Rat zu geben. Oft wehre ich sie aus der Angst heraus ab, ich könnte sie ausnutzen oder abhängig oder enttäuscht werden; oder sie könnten mich verraten.

Heute will ich mich dem Vertrauen öffnen. Ich will mir einen neuen und einen alten Freund aussuchen und ein Angebot annehmen, das sie mir bereits gemacht haben. So werde ich lernen, anderen mehr zu vertrauen. Dann werde ich mir auch einen neuen Freundeskreis aufbauen können.

Ich freue mich auf das neue Jahr.

Ich halte zwischen dem vergehenden alten und dem beginnenden neuen Jahr inne. Meine Pläne für notwendige Veränderungen sind schon in Gang gesetzt worden. Ihre Erfüllung wird kommen.

An diesem Silvesterabend gönne ich mir einen Augenblick der Ruhe und Besinnung. Ich fühle, wie ich mich in vollkommener Balance und Harmonie bewege. Ich spüre meine Verbindung mit der Erde und dem Universum. Ich weiß jetzt, daß ich sicher auf meinem Weg bin. Auch wenn ich für einen Moment straucheln sollte, werde ich doch immer wieder auf den Weg zurückfinden.

Ich schaue auf das vergangene Jahr zurück und freue mich an meinen Erfahrungen und meinen Leistungen. Ich habe viel gelernt. Nun richte ich meinen Blick auf das neue Jahr und freue mich darauf. Ich atme die Stille ein, bevor die Zeit beginnt.

Register